♍ HOROSKOP DER LIEBE ♍

JUNGFRAU

24. August - 22. September

JULIA & DEREK PARKER

arsEdition

Gewidmet Martin Lethbridge

EIN DORLING-KINDERSLEY-BUCH

Project Editor · Annabel Morgan
Art Editor · Anna Benjamin
Managing Editor · Francis Ritter
Managing Art Editor · Derek Coombes
DTP Designer · Cressida Joyce
Production Controller · Martin Croshaw

Danksagungen
Fotos: Steve Gorton: S. 10, 13-15, 17-19, 46-49; Ian O'Leary: S. 16.
Weitere Fotografen: Colin Keates, Dave King, Monique Le Luhandre, David Murray, Tim Ridley, Clive Streeter, Harry Taylor, Matthew Ward. Illustrationen: Nici Demin: S. 34-45; Peter Lawman: Umschlag, S. 4, 12; Paul Redgrave: S. 24-33; Satwinder Sehmi: Symbole; Jane Thomson: Schmuckrahmen; Rosemary Woods: S. 11.
Peter Lawmans Bilder sind in der Portal Gallery Ltd., London ausgestellt.

Bildquellen: Bridgeman Art Library/Eremitage St. Petersburg: S. 51; Robert Harding Picture Library: S. 20 links, Mitte, rechts; Images Colour Library: S. 9; The National Gallery London: S. 11; Tony Stone Images: S. 21 oben, unten; The Victoria and Albert Museum London: S. 5; Zefa: S. 21 Mitte.

Ebenfalls danken wir: Sarah Ashun, Emma Brogi, Charlie Chan, John Filbey, Jane Lawrie, Sharon Lucas, Daniel McCarthy, Marion McLornan, Christine Rista, Ola Rudowska, Tim Scott, Isobel Sinden, Martha Swift, Mark Thurgood, Cangy Venables und Liz Wagstaff.

Originaltitel: **The Love Signs Library. Virgo**

Aus dem Englischen von Elke Hesse
Redaktion: Martina Stoll-Kreußel

Printed in Hong Kong
ISBN 3-7607-1717-9

INHALT

ASTROLOGIE & SIE

Astrologie besteht keineswegs nur aus der Ermittlung Ihres Sonnenzeichens. Der Stand der anderen Planeten zum Zeitpunkt Ihrer Geburt kann ebenfalls faszinierende Einblicke in Ihre Persönlichkeit geben.

Ihr Stern- oder auch Sonnenzeichen ist das Tierkreiszeichen, das die Sonne zum Zeitpunkt Ihrer Geburt durchwanderte. Die meisten Astrologiebücher beschränken sich darauf, die Bedeutung des Sonnenzeichens zu erklären. Dies ist eine einfache Form der Astrologie, die Ihnen zwar interessante, aber sehr allgemeine Informationen über Ihre Persönlichkeit gibt. Dieses Buch geht einen Schritt weiter. Es verrät Ihnen, in welcher Verbindung die Planeten Venus und Mars zu Ihrem Sternzeichen stehen und welchen Einfluss Sie auf Ihre Einstellung zu Liebe und Sexualität haben.

Um einen genauen Einblick in Ihre Persönlichkeit zu gewinnen, bedarf es eines Geburtshoroskops, aus dem nicht nur die Stellung der Sonne, sondern die aller Planeten des Sonnensystems zum Zeitpunkt der Geburt hervorgeht. So wie die Sonne in einem der zwölf Tierkreiszeichen stand und Sie beispielsweise zu einem Zwilling oder Schützen machte, standen auch die anderen Planeten in einem Zeichen. Jeder Planet ist für einen bestimmten Teil Ihrer Persönlichkeit verantwortlich, und die Planeten Venus und Mars sind für Ihre Einstellung zu Liebe und Sexualität zuständig.

Als Schütze beispielsweise müssten Sie nach den Merkmalen des Sonnenzeichens ein dynamischer, freiheitsliebender Typ sein. Stand aber, als Sie geboren wurden, die Venus im Zeichen der Waage, so sind Sie ein eher passiver und anhänglicher Partner – Eigenschaften, von denen man sagt, sie seien dem Schützen völlig fremd.

Planetenkonstellation

Kopernikus vertrat im 16. Jahrhundert die für seine Zeit revolutionäre These, dass die Planeten um die Sonne statt um die Erde kreisen. Diese Karte aus dem 17. Jahrhundert zeigt die Sonne im Zentrum des Planetensystems.

Mit Hilfe der Tabellen auf Seite 52-61 können Sie die Position von Mars und Venus zum Zeitpunkt Ihrer Geburt ermitteln. Wenn Sie diese Position herausgefunden haben, schlagen Sie bitte die Seiten 22-45 auf. Dort können Sie nachlesen, wie sich der Einfluss von Mars und Venus auf die Eigenschaften Ihres Sonnenzeichens auswirkt. Sie gewinnen vielleicht überraschende, in jedem Fall aber faszinierende Einsichten in Ihre Persönlichkeit und erfahren, wie die Planeten Ihre Einstellung zu Liebe und Sex geprägt haben.

PARTNERSUCHE

Die Astrologie kann Ihnen wertvolle Tips geben, wie Sie Kontakte knüpfen und ausbauen können. Sie kann Ihnen auch sagen, wie Sie zu Ihrem Partner passen und wie aussichtsreich Ihre Beziehung sein dürfte.

Häufig benutzen Menschen die Astrologie als Einstieg um jemand kennen zu lernen; die Frage nach dem Sternzeichen ist ein beliebter Gesprächsanfang. Für die einen ist es eher ein Spiel; andere dagegen können großen Wert auf die Frage und ihre Beantwortung legen.

Astrologie kann Ihr Denken und Ihr Verhalten in der Liebe beeinflussen. Sie kann Ihnen faszinierende Informationen und nützliche Tips über sich und Ihren Partner liefern. Was sie nicht kann, ist: Ihnen sagen, in wen Sie sich verlieben sollen und in wen nicht.

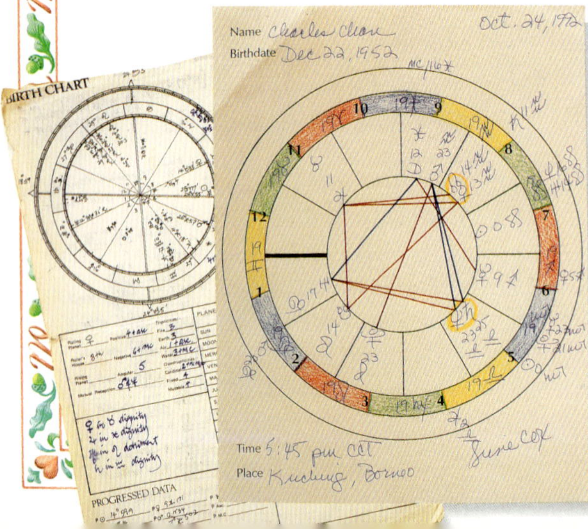

Geburtshoroskope
Die Synastrie vergleicht die Geburtshoroskope zweier Menschen um zu zeigen, wie sie in verschiedenen Bereichen ihrer Beziehung miteinander harmonieren. Gemeinsamkeiten und Konflikte werden so deutlich.

Die vier Elemente

Menschen, deren Sternzeichen zur selben Elementengruppe gehört, harmonieren meist gut miteinander. Die Gruppen lauten:

FEUER: *Widder, Löwe, Schütze*
ERDE: *Stier, Jungfrau, Steinbock*
LUFT: *Zwillinge, Waage, Wassermann*
WASSER: *Krebs, Skorpion, Fische*

Wenn Sie jemandem begegnen, der Ihnen gefällt, kann die Astrologie Ihnen wertvolle Einsichten in seine Persönlichkeit liefern. Sie kann sogar Charakterzüge aufdecken, die Ihr Partner lieber vor Ihnen verborgen halten würde.

Astrologen werden oft um Rat gebeten, wenn jemand mehr über seine Beziehung wissen will oder Probleme mit dem Partner hat. Dieser Teil der Astrologie heißt Synastrie. Dabei werden die Geburtshoroskope beider Partner miteinander verglichen. Jedes Geburtshoroskop gibt exakt den Stand der Planeten zum Zeitpunkt und Ort der Geburt eines Menschen wieder. Durch Auslegung der Einzelhoroskope und anschließenden Vergleich kann der Astrologe herausfinden, ob zwei Menschen zusammenpassen, und aufzeigen, wo es in der Beziehung zu Konflikten kommen könnte und wo sich eine starke Bindung entwickelt.

Eine der größten astrologischen Legenden ist, dass bestimmte Sternzeichen auf keinen Fall zusammenpassen. Das ist Unsinn. Jedes Sternzeichen kann unter bestimmten Voraussetzungen mit jedem anderen Sternzeichen eine glückliche Beziehung eingehen.

SIE & IHR PARTNER

SICH UND DEN PARTNER ZU KENNEN IST DER SCHLÜSSEL ZU EINER GLÜCKLICHEN BEZIEHUNG. HIER ENTHÜLLEN WIR DIE TRADITIONELLEN JUNGFRAU-ATTRIBUTE, IHR VERHÄLTNIS ZU DEN ANDEREN STERNZEICHEN UND DIE DAZUGEHÖRIGEN PFLANZEN.

DIE JUNGFRAU REGIERT ALLE NÜSSE TRAGENDEN GEWÄCHSE, Z. B. DEN HASELNUSSSTRAUCH

MERKUR, DER PLANET DER KOMMUNIKATION, REGIERT DIE JUNGFRAU.

KLEINE BLUMEN WIE DIE BUTTERBLUME WERDEN DER JUNGFRAU ZUGEORDNET.

GEMÜSE WIRD TRADITIONELL MIT DER JUNGFRAU VERKNÜPFT.

HAUSTIERE, BESONDERS KATZEN UND HUNDE, WERDEN VON DER JUNGFRAU REGIERT.

DIE JUNGFRAU HAT EINEN WOHLPROPORTIONIERTEN KÖRPERBAU.

Jungfrau und Widder

Als kultivierte Jungfrau könnte Sie am temperamentvollen Widder sein mangelnder Takt und Feinsinn stören. Sie liefern den gesunden Menschenverstand, er sorgt für Unbekümmertheit in Ihrer Beziehung.

Lavendel wird dem Zwilling zugeordnet.

Disteln werden vom Widder regiert.

Jungfrau und Zwillinge

Beide Zeichen werden von Merkur regiert; Sie werden also kaum unter Kommunikationsproblemen leiden. Allerdings dürfte der leichtfertige Zwilling Ihnen kaum die Sicherheit bieten, die Sie sich wünschen.

Jungfrau und Stier

Die wohlbegründete Kombination zweier bodenständiger Erdzeichen. Sie gelten beide als äußerst zuverlässig und werden eine stabile, dauerhafte Beziehung führen.

Lilien und andere weiße Blumen gehören zum Krebs.

Die Rose ist mit dem Stier verknüpft.

Jungfrau und Krebs

Krebse sind sehr viel gefühlsbetonter und sentimentaler als die praktisch veranlagten Jungfrauen. Beide machen sich gern unnötig Sorgen und sollten aufpassen, dass sie sich gegenseitig nicht verrückt machen.

Jungfrau und Löwe

Sie haben wenig Verständnis für die Theatralik des Löwen, werden aber von seiner Herzenswärme und Ehrlichkeit angezogen. Sie können eine sehr glückliche und lang andauernde Beziehung zusammen führen.

Sonnenblumen sind Löwe-Blumen.

Jungfrau und Jungfrau

Obwohl sie vieles gemeinsam haben, sind sie kein ideales Paar. Sie sollten jemand suchen, der in der Lage ist Ihre Neigung zu Kritik und unnötigen Sorgen auszugleichen.

Der Jungfrau sind kleine, leuchtende Blumen zugeordnet.

Hortensien sind die Blumen der Waage.

Jungfrau und Waage

Jungfrau und Waage bilden ein harmonisches, taktvolles und liebenswürdiges Paar. Die ausgeglichene Waage zeigt Ihnen, wie Sie sich ohne Gewissensbisse entspannen und das Leben mehr genießen können.

Das Geißblatt gehört zum Skorpion.

Jungfrau und Skorpion

Eine problematische Kombination. Sie haben nicht viel gemeinsam; doch wenn Ihnen die Sexualität des Skorpions nicht zu viel wird und Sie ihn nicht zur Eifersucht reizen, ist es eine reizvolle Verbindung.

Jungfrau und Schütze

Hier sind die Voraussetzungen für eine glückliche Beziehung gegeben. Sie finden den Optimismus des Schützen unwiderstehlich und er wird von Ihrem Pragmatismus und Ihrer Ehrlichkeit angezogen.

Orchideen gehören zum Wassermann.

Nelken werden vom Schützen regiert.

Jungfrau und Wassermann

Die selbstgenügsame Jungfrau wird den Freiheitsdrang des Wassermanns nicht beschneiden – eine ideale Basis für eine harmonische Beziehung. Manchmal könnte Ihnen der Partner allerdings zu exzentrisch werden.

Jungfrau und Steinbock

Sie haben viel gemeinsam und sind ehrliche, praktisch veranlagte Erdzeichen. Doch vergessen Sie nicht sich ab und zu etwas Spaß zu gönnen.

Der Schneeball wird von den Fischen regiert.

Stiefmütterchen sind die Blumen des Steinbocks.

Jungfrau und Fische

Gegensätze ziehen sich an: Ihr praktischer Sinn ergänzt das romantische Gemüt des Fischs; dies dürfte daher für beide Parteien eine zufriedene, ausgeglichene Partnerschaft ergeben.

MENÜS FÜR VERLIEBTE

MIT EINEM EXQUISITEN ESSEN NAHM SCHON SO MANCHE LIEBESBEZIEHUNG IHREN ANFANG. LESEN SIE, MIT WELCHEM MENÜ SIE GARANTIERT BEI JEDEM STERNZEICHEN AUFMERKSAMKEIT UND VERLANGEN WECKEN KÖNNEN.

Bei der Jungfrau isst das Auge gern mit. Eine ebenso dekorative wie delikate französische Apfel-Tarte ist ganz nach ihrem Geschmack.

Für Widder

Scharfe Currysuppe

·

Pfeffersteak

·

Flambiertes Eis

Für Stiere

Blumenkohlcremesuppe

·

Tournedos Rossini

·

Mousse au Chocolat mit Brandy

Für Zwillinge

Meeresfrüchtesalat mit Avocados

·

Pikantes Schweinegeschnetzeltes mit Ingwer

·

Zabaione

Für Krebse

Artischocke mit Sauce Vinaigrette

·

Seezunge Hausfrauenart

·

Mandelsoufflé

Für Löwen

Geröstete Tomaten-Knoblauch-Suppe

·

Bœuf Stroganoff

·

Birnen in Rotweinsauce

Für Jungfrauen

Auberginensalat

·

Paella

·

Französische Apfel-Tarte

Für Waagen

Spargel mit Sauce Hollandaise

·

Schweinesteak mit Bratäpfeln

·

Erdbeeren mit Grand Marnier

Für Skorpione

Vichyssoise

·

Hummer Newburg

·

Schwarze Johannisbeercreme

Für Schützen

Geeiste Gurkensuppe
·
Zwiebelkuchen
·
Rhabarberauflauf mit frischer Sahne

Für Steinböcke

Eier Florentiner Art
·
Schweinefilet gefüllt mit Salbei
·
Ananas mit Grand Marnier

Für Wassermänner

Brunnenkressesuppe
·
Hühnchen mit Chili und Limone
·
Zitronensoufflé

Für Fische

Französische Zwiebelsuppe
·
Forelle in Roséwein
·
Melonensorbet

REISEZIELE FÜR VERLIEBTE

Haben Sie Ihren Traumpartner erobert, gibt es nichts Schöneres als einen romantischen Urlaub zu zweit. Lernen Sie unter berühmten Städten und idyllischen Stränden das Traumziel eines jeden Sternzeichens kennen.

Eiffelturm, Paris

Widder

Die perfekt restaurierten Renaissance-Paläste und -Kirchen von Florenz sind das richtige Ambiente für verliebte Widder.

Stier

Der ruhige, friedfertige Stier bevorzugt die natürliche Ruhe und unverdorbene Atmosphäre des Landlebens in Irland.

Zwillinge

Der lebhafte, ruhelose Zwilling fühlt sich in der schnelllebigen Atmosphäre der Weltmetropole New York ganz zu Hause.

Krebs

Venedigs einzigartig romantisches Flair mit seinen Kanälen weckt die Leidenschaft und Phantasie des Wasserzeichens Krebs.

Basilius-Kathedrale, Moskau

Ayers Rock/Uluru, Australien

Löwe
Der pittoreske Charme und die mittelalterliche Stimmung Prags entfachen im Löwen immer wieder neue Leidenschaft.

Jungfrau
Die eleganteste und romantischste aller Städte, Paris, ist der ideale Liebesort für die kultivierte, wählerische Jungfrau.

Waage
Die fremdartig-exotische Atmosphäre von Oberägypten ist die perfekte Kulisse, um die feinsinnige Waage zu erobern.

Skorpion
Den heißblütigen Skorpion zieht die prickelnd-lebendige Ausstrahlung von New Orleans in seinen Bann.

Schütze
Die endlose Weite des australischen Hinterlands ist genau das Richtige für den freiheitsliebenden und naturverbundenen Schützen.

Steinbock
Die historischen Monumente der russischen Hauptstadt Moskau werden den Steinbock faszinieren und inspirieren.

Wassermann
Der draufgängerische Wassermann wird von der ungewöhnlichen, einzigartigen Landschaft Indiens begeistert sein.

Fische
Den wasserbegeisterten Fisch zieht es immer wieder ans Meer, zum Beispiel auf eine kleine Mittelmeerinsel.

Die Pyramiden, Ägypten

Gondeln in Venedig

Tadsch Mahal, Indien

VENUS & MARS

Die hell leuchtende Venus und der feurig rote Mars wurden immer schon mit Liebe und Leidenschaft verbunden. Beide Planeten üben einen grossen Einfluss auf unser Liebesleben und unsere Beziehungen aus.

Die Astrologie hat ihre Wurzeln in einer Zeit, lange bevor die Menschheit anfing ihre Geschichte aufzuzeichnen. Die frühesten Funde - Knochen, auf denen die Mondphasen eingeritzt wurden - sind älter als jedes Alphabet oder andere Schriftzeichensystem.

Den Planeten Venus und Mars maß man in der Astrologie von jeher große Bedeutung bei. Dies machen erste Versuche in den Anfängen der Astrologie, die Einflüsse der beiden Planeten auf die Menschen aufzuzeichnen, deutlich. Jahrhunderte später wurden die Planetenpositionen sorgfältig in persönlichen Horoskopen notiert. Die früheste bekannte Aufzeichnung stammt aus dem Jahre 410 v. Chr.:

»Venus stand im Stier und Mars in den Zwillingen«.

Der hell leuchtende Planet Venus repräsentiert den Einfluss der Seele auf unseren Körper. Er ist verantwortlich für das reine, sublimierte, »romantische« Gefühl ohne sexuelles Verlangen. Er regiert so unsere Spiritualität und die platonischen Seiten unserer Liebesbeziehungen.

Der Planet Mars beeinflusst dagegen die körperlichen Aspekte unseres Lebens – unsere Stärke, physisch wie psychisch, unsere Ausdauer und unsere Fähigkeiten im Kampf ums Überleben. Er wirkt stark auf den Geschlechtstrieb von Männern und Frauen ein, er regelt unsere körperliche Energie, Sexualität und unser Begehren.

Als Planet, dessen Umlaufbahn zwischen Erde und Sonne liegt, zählt Venus zu den »unteren« Planeten. Sie kreist eng um die Sonne und inner-

Die Liebe erobert alles.

In Botticellis »Venus und Mars« wurde die kriegerische, feurige Macht des Kriegsgottes Mars vom sanften Charme der Venus, Göttin der Liebe, besiegt.

halb des Tierkreises steht sie immer in einem Zeichen nahe der Sonne. Zum Zeitpunkt Ihrer Geburt kann sie daher auch nur in einem von fünf möglichen Zeichen gestanden haben: in Ihrem Sonnenzeichen oder in den beiden Zeichen davor oder danach. Wenn also bei Ihrer Geburt die Sonne in der Jungfrau stand, kann Venus nur in Krebs, Löwe, Jungfrau, Waage oder Skorpion gestanden haben.

Demgegenüber gilt Mars als »oberer« Planet. Er kreist auf der der Sonne abgewandten Seite der Erde und kann deshalb zum Zeitpunkt Ihrer Geburt in jedem der zwölf Zeichen gestanden haben.

Auf den folgenden Seiten 24-45 wird beschrieben, wie Mars und Venus auf unser Gefühls- und Sexualleben Einfluss nehmen. Um herauszufinden, in welchem Tierkreiszeichen die Planeten zum Zeitpunkt Ihrer Geburt standen, schlagen Sie bitte in den Tabellen auf Seite 52-61 nach. Dann blättern Sie zurück zu Seite 24 und lesen weiter.

IHR GEFÜHLSLEBEN

DER PLANET VENUS STEHT FÜR LIEBE, HARMONIE UND ÜBEREINSTIMMUNG. (AUF SEITE 52-57 LESEN SIE, IN WELCHEM TIERKREISZEICHEN DIE VENUS BEI IHRER GEBURT STAND.)

VENUS IM KREBS

Mit Venus im Krebs werden die fürsorglichen und mitfühlenden Eigenschaften der Jungfrau verstärkt. Wahrscheinlich beziehen Sie einen Großteil Ihrer Zufriedenheit daraus, andere zu umsorgen und sie möglichst glücklich zu machen.

Ihre Fürsorge und Ihre Fähigkeit sich in den Partner hineinzuversetzen bieten beste Voraussetzungen für eine glückliche Partnerschaft. Achten Sie aber darauf, dass Sie den Partner mit Ihrer Fürsorge nicht erdrücken. Jungfrau und Krebs sind die zwei Sternzeichen, die sich am häufigsten unnötig Sorgen machen. Versuchen Sie dagegen anzukämpfen.

Jungfrauen sind von Natur aus schüchtern und zurückhaltend und wirken daher oft ein wenig kühl und reserviert. Venus im Krebs modifiziert diesen Charakterzug und verleiht Ihnen mehr Wärme und Zugänglichkeit.

Durch Ihre Schüchternheit fällt es Ihnen eventuell nicht leicht auf Vorschläge Ihres Partners spontan und ungezwungen zu reagieren und durch die Vorsicht des Krebses könnte sich das noch verstärken. Vielleicht sind Sie auch so darauf aus, Ihrem Partner das Leben so annehmlich als möglich zu machen, dass Sie eher sagen, was er Ihrer Ansicht nach hören will, als was Sie ehrlich denken. Doch Vorsicht: Anfangs könnte Ihr Partner das noch schmeichelhaft finden, später wird es ihn eher irritieren, wenn Sie immer seiner Meinung sind. Und auf Dauer tötet so ein Verhalten die Beziehung.

Jungfrauen haben einen starken Hang zum Kritisieren und durch Venus im Krebs wird dieser Zug nicht entschärft. Warum kritisieren Sie Ihren Partner eigentlich? Macht er tatsächlich ständig Fehler oder liegt es vielleicht an Ihrem Hang zum Perfektionismus, dass Ihre Kritik so überstreng ist? Versuchen Sie einzusehen, dass ständiges Herumnörgeln schwer zu ertragen ist und dass es auf Dauer Ihre Beziehung ruinieren kann.

Jungfrauen sind sehr ordentlich und auf Sauberkeit bedacht. Achten Sie aber darauf, dass der Kampf gegen Schmutz und Chaos nicht zu einem Glaubenskrieg mit Ihrem Partner wird.

Sie sind loyal, fürsorglich und zuverlässig und durchaus beliebt. Seien Sie also kein Frosch, gehen Sie unter Menschen und pflegen Sie Ihre sozialen Kontakte, sonst stehen Sie eines Tages alleine da.

VENUS IM LÖWEN

Im Volksmund heißt es, Jungfrauen seien introvertiert und schüchtern. Das lässt sich aber so nicht sagen. Zwar gehört eine gewisse Schüchternheit und Scheu zur Natur der Jungfrau, aber mit Venus im Löwen besitzen Sie mehr Selbstvertrauen und Wagemut als andere Angehörige Ihres Sternzeichens.

Sie fühlen sich von Menschen angezogen, die im Rampenlicht stehen, tun sich aber schwer damit, auf jemand zuzugehen, der lebhafter und extrovertierter ist als Sie. Der eher sorglose Löwe gibt Ihnen mehr Mut und sorgt dafür, dass Sie sich von Ihrer Jungfrau-Schüchternheit keine Schranken auferlegen lassen.

Venus im Löwen verstärkt Ihre natürlichen und leidenschaftlichen Instinkte und verhilft Ihnen zu mehr Spontaneität und Impulsivität. Das tut Ihrer Partnerschaft gut – die Mischung aus jungfräulicher Sittsamkeit und Heißblütigkeit des Löwen macht aus Ihnen einen unwiderstehlichen Liebespartner.

Ihr Organisationstalent gilt als unübertroffen. Sie haben eine Menge guter Ideen und sind äußerst kreativ, wenn es um Freizeit- und Urlaubsgestaltung mit Partner und Freunden geht. Durch den Einfluss des Löwen geben Sie gern viel Geld aus, auch wenn dann Ihre Jungfrau-Natur wieder durchschlägt und Sie ein schlechtes Gewissen bekommen. Versuchen Sie einfach gelegentliche Extravaganzen ohne Gewissensbisse zu genießen.

Obwohl diese Planetenkonstellation im Großen und Ganzen sehr positiv auf die Jungfrau wirkt, kann es zuweilen auch Probleme geben. Manchmal ist der Gegensatz zwischen der jungfräulichen Zurückhaltung und dem Temperament des Löwen einfach zu groß und führt

zu Disharmonien. Wenn Sie sich über etwas ärgern, können Sie sehr heftig und laut reagieren, um im nächsten Moment in tiefe Beschämung über das, was Sie gesagt oder getan haben, auszubrechen. Mit der Zeit werden Sie vermutlich jedoch genug Selbstvertrauen gewinnen um eine solche Situation leichter zu meistern.

Venus im Löwen schenkt Ihren Beziehungen zum Partner und zu Freunden mehr Spontaneität, Warmherzigkeit und Farbe und macht Sie lebensfroher und begeisterter als andere Jungfrauen. Versuchen Sie die Lebendigkeit und Herzenswärme des Löwen in sich nicht zu unterdrücken, sondern bleiben Sie offen und gesprächig. Wenn Ihnen das gelingt, wird sich kaum jemand für längere Zeit Ihrem natürlichen Charme entziehen können.

VENUS IN DER JUNGFRAU

Wenn sowohl die Sonne als auch Venus bei Ihrer Geburt im Zeichen der Jungfrau standen, werden die typischen Merkmale Ihres Sonnenzeichens, Bescheidenheit und Zurückhaltung, noch verstärkt.

Obwohl viele potentielle Partner sich davon stark angezogen fühlen, kann es sein, dass es Ihnen an Selbstvertrauen mangelt. Glauben Sie nicht, dass Sie für jemanden, der Sie interessiert, nicht attraktiv genug sind. Es könnte sein, dass Sie aufgrund Ihrer Schüchternheit auf eine Annäherung, die Sie eigentlich begrüßen, ablehnend reagieren. Sie müssen lernen mit Komplimenten umzugehen und diese auch zu erwidern, wenn Ihnen an der anderen Person etwas gelegen ist. Sie dürfen Ihre wahren Gefühle nicht verstecken.

Wenn es Probleme in Ihrer Partnerschaft geben sollte, dürfte es Ihnen nicht schwer fallen über sie zu reden. Die Jungfrau wird nämlich von Merkur, dem Planeten der Kommunikation, regiert und ist im allgemeinen sehr redegewandt. Sie werden daher keine Schwierigkeiten haben mit Ihrem Partner über Ihre Gefühle und Konflikte zu sprechen.

Ihre Tendenz sich ständig Sorgen um alles und jeden zu machen ist allerdings sehr groß. Setzen Sie Ihren gesunden Menschenverstand ein und versuchen Sie mit beiden Beinen fest am Boden zu bleiben und Ihre übertriebenen Ängste unter Kontrolle zu halten.

Die Jungfrau ist ein scharfer und genauer Beobachter und neigt zu Perfektionismus. Wenn Ihr Partner sich nicht genau so verhält, wie Sie es erwarten, neigen Sie dazu, ihn zu kritisieren. Wenn Sie es schaffen Ihre Kritik in wohlwollende Worte zu kleiden und konstruktiv werden zu lassen, muss diese Eigenschaft nicht schlecht sein. Wenn Sie aller-

dings anfangen herumzunörgeln, könnte das fatale Folgen für Ihre Beziehung haben. Durch permanente Kritik verliert Ihr Partner sein Selbstvertrauen und seine Sicherheit und Sie werden sich dafür hassen, dass Sie ihn so erniedrigen.

Die Jungfrau wird häufig als ein gehemmtes und etwas neurotisches Zeichen charakterisiert. Doch viele ihrer angeblich negativen Eigenschaften sind in Wirklichkeit überaus positiv: Ihre Kritiklust entspringt Ihrem unermüdlichen Drang nach Perfektion, Ihre angeborene Schüchternheit wirkt auf andere oft weitaus erotischer als eitle Selbstdarstellung und Draufgängertum und Ihre Sorge bezeugt Ihre Liebe für den Partner. In diesem Licht betrachtet sind Sie ein wunderbarer und begehrenswerter Partner, der nur eines tun muss: sich ebenfalls in diesem positiven Sinn zu sehen.

VENUS IN DER WAAGE

Auf Jungfrau-Geborene wirkt sich der Einfluss der Waage besonders positiv aus, denn er stärkt das Selbstvertrauen dieses Sternzeichens. Außerdem verstärkt die Waage Ihren natürlichen Charme, Diplomatie und Taktgefühl, und all diese positiven Eigenschaften tragen dazu bei, Ihre Persönlichkeit noch attraktiver zu machen.

Sie sind von Natur aus sehr mitfühlend und können Stunden damit verbringen, sich die Sorgen anderer Menschen anzuhören. Diesen selbstlosen Charakterzug werden potentielle Partner garantiert zu schätzen wissen.

Durch den Waage-Einfluss ist Ihnen sehr daran gelegen, emotionale Beziehungen aufzubauen und eine feste Partnerschaft einzugehen. Ja, es könnte sein, dass Sie sich nicht als vollwertiger Mensch fühlen, solange Sie nicht in einer festen Beziehung leben.

Obwohl Sie von Natur aus eher vorsichtig sind, kann es deshalb sein, dass Sie schneller eine Beziehung eingehen, als für Sie gut wäre. Lassen Sie sich mehr Zeit um herauszufinden, ob Ihr zukünftiger Partner wirklich zu Ihnen passt. Sie können sich damit möglicherweise viele Enttäuschungen und eine Menge Kummer ersparen.

Die freundliche Gesinnung und das Harmoniebedürfnis der Waage wirken sich sehr positiv auf die dauernde Kritikbereitschaft der Jungfrau aus. Jungfrauen gelten ja als überkritisch und streben stets nach Perfektion. Durch den Waage-Einfluss aber sind Sie in der Lage Ihre Missbilligung mit Freundlichkeit und Taktgefühl zum Ausdruck zu bringen. Venus in der Waage mildert auch Ihre Neigung sich ständig um andere sorgen zu müssen.

Jungfrauen fällt es oft schwer sich zu entscheiden. Sie neigen dazu, sich

in Details zu verbeißen, fragen sich ständig, ob es richtig ist sich so oder so zu entscheiden und finden immer wieder neue Einwände. Diese Eigenschaft wird durch Venus in der Waage noch verstärkt. Sie sind fürchterlich unentschlossen und warten vielleicht unbewusst sogar darauf, dass Ihr Partner Ihnen Entscheidungen abnimmt. Lassen Sie diese Schwäche, die überhaupt nicht zu der zielbewussten Jungfrau passt, besser gar nicht erst zu, sondern nutzen Sie für Ihre Entscheidungen Ihre phänomenalen analytischen Fähigkeiten und Ihren praktischen Verstand.

Der Charme der Waage und die Bescheidenheit der Jungfrau machen aus Ihnen einen aufmerksamen und rücksichtsvollen Partner und wer immer am Ende Ihr Partner fürs Leben sein wird, hat mit Sicherheit das große Los gezogen.

VENUS IM SKORPION

Venus im Skorpion verleiht Ihnen eine Aura von Leidenschaftlichkeit und Erotik, die äußerst verführerisch wirken kann und Sie unwiderstehlich macht, wenn Sie nicht versuchen diese Impulse zu unterdrücken.

Es könnte nämlich sein, dass der vehemente Einfluss des Skorpions bei den zurückhaltenden Jungfrau-Geborenen für einige Verwirrung sorgt, denn die kraftvolle Energie und das Temperament des Skorpions stehen im krassen Gegensatz zu Ihren sonstigen Eigenschaften. Spielen Sie Ihre Reize daher nicht herunter, bloß um ja keine Aufmerksamkeit zu erregen, und konzentrieren Sie sich darauf, Ihr Selbstvertrauen zu steigern, anstatt vor Ihren Bewunderern davonzulaufen.

Wenn Sie eine sexuelle Beziehung eingehen, könnte es sein, dass Ihre jungfräuliche Sittsamkeit mit der ausgeprägten Sexualität des Skorpions in Konflikt gerät. Entspannen Sie sich und genießen Sie die Liebe ohne das Gefühl etwas Verbotenes zu tun. Manche Jungfrau-Geborene sind etwas puritanisch veranlagt und entwickeln Schuldgefühle, wenn sie zu viel Vergnügen oder Bestätigung erleben. Aber zu einer glücklichen, harmonischen Partnerschaft gehört auch eine erfüllte Sexualität.

Sie sind ein großherziger und loyaler Freund, der stets bereit ist sich für seine Freunde einzusetzen und sie standhaft verteidigt. Darüber hinaus sind Sie ein guter Zuhörer, der immer Hilfe und gute Ratschläge zur Hand hat. So viele Freunde kommen mit ihren Problemen zu Ihnen um sich an Ihrer Schulter auszuweinen, dass sie eigentlich schon ziemlich abgenutzt sein müsste und es Ihnen wirklich manchmal zu viel wird.

Als mitfühlender und hilfsbereiter Freund sparen Sie durchaus nicht

mit Kritik an Ihren Freunden. Sicher ist das häufig auch angebracht. Achten Sie nur darauf, dass Sie Ihre Kritik möglichst konstruktiv und diplomatisch äußern.

Skorpione neigen zu Eifersucht und besitzergreifendem Verhalten. Diese Eigenschaften sind der Jungfrau eigentlich fremd, aber Sie machen sich einfach häufig zu viele Gedanken und viele Ihrer Ängste und Eifersüchteleien stellen sich schnell als irrational und unbegründet heraus, wenn Sie anfangen Ihre analytischen Fähigkeiten und Ihren praktischen Verstand einzuschalten.

Wenn es Ihnen gelingt die Energie und Emotionsgeladenheit des Skorpions mit Ihrer jungfräulichen Klugheit und Zurückhaltung in Einklang zu bringen, werden Sie ein loyaler, liebevoller und leidenschaftlicher Partner sein.

IHR SEXUALLEBEN

DER PLANET MARS BEEINFLUSST DIE KÖRPERLICHE, SEXUELLE ENERGIE. (AUF SEITE 58-61 LESEN SIE, IN WELCHEM TIERKREISZEICHEN DER MARS BEI IHRER GEBURT STAND.)

MARS IM WIDDER

Durch die kraftvolle Energie und Bestimmtheit von Mars im Widder wird Ihre Sexualität erheblich verstärkt.

In der Regel haben Jungfrauen eine eher zurückhaltende, etwas puritanische Einstellung zu Sex, aber der leidenschaftliche, feurige Einfluss des Widders wirkt sich hier positiv aus. Sie unterdrücken Ihre Sinnlichkeit nicht, sondern leben sie voll aus.

Jungfrau-Geborene sind fleißige und sehr gründliche Arbeiter, doch fehlt es ihnen manchmal ein wenig an Ehrgeiz. Mars im Widder steigert Ihren Leistungswillen und Ihr Streben nach Erfolg. Dadurch sind Sie auch in der Liebe ein temperamentvoller und anregender Partner.

MARS IM STIER

Mars im Stier erhöht Ihre Lust am Sex und verleiht Ihrer Liebe Sinnlichkeit und Erotik. Der lebenslustige und leidenschaftliche Stier besiegt die Schüchternheit und Zurückhaltung der Jungfrau in sexuellen Dingen.

Stiere sind Gewohnheitsmenschen, die gern nach festen Regeln leben. Das mag in vielen Bereichen auch in Ordnung sein. Routine beim Sex jedoch ist absolut tödlich für die Beziehung. Sie sollten daher das Zusammensein mit Ihrem Partner etwas abwechslungsreicher gestalten und auch mehr Spontaneität zeigen.

Es könnte sein, dass der Stier-Einfluss Sie besitzergreifend macht, ein Charakterzug, der für die Jungfrau nicht unbedingt typisch ist, obwohl sie die Tendenz hat sich um den Partner unnötig zu sorgen.

Mars verleiht Ihnen auch ein heftigeres Temperament als anderen Jungfrau-Geborenen. Wenn Ihr Adrenalinspiegel steigt, geraten Sie leicht in Rage. Ihren Partner werden Sie mit solchen Szenen allerdings eher verschrecken.

MARS IN DEN ZWILLINGEN

Sie haben dank dieser Konstellation eine viel lockerere Einstellung zu Liebe und Sexualität als andere Jungfrauen und sind ein unterhaltsamer, fantasievoller Partner.

Jungfrauen nehmen in der Regel Beziehungen sehr ernst. Durch den Zwillinge-Einfluss sind Sie aber jemand, der auch gerne flirtet und das Spiel des Verführens und Verführtwerdens genießt. Beim Sex sind Sie daher experimentierfreudiger und nicht so gehemmt wie andere Angehörige Ihres Zeichens.

Ganz untypisch für eine Jungfrau ist auch Ihre Einstellung zum Seitensprung. Sie finden den Gedanken daran durchaus verlockend, sind aber andererseits auch an einer dauerhaften Beziehung interessiert. Deshalb werden Sie Ihrem Partner wahrscheinlich nur in Gedanken, nicht aber wirklich untreu werden.

Für Sie zählt nicht nur die körperliche Anziehung in einer Partnerschaft. Genauso wichtig wie Sex ist für Sie der geistige Austausch mit Ihrem Partner.

MARS IM KREBS

Durch den Einfluss von Mars im Krebs sind Sie zärtlicher und gefühlsbetonter als viele andere Jungfrauen. Sie sehnen sich nach einer festen Beziehung und einem Partner, den Sie umsorgen können und bei dem Sie sich geborgen fühlen.

Mars im Krebs verspricht Leidenschaft und Sinnlichkeit beim Sex. Sie und Ihr Partner führen ein sexuell aktives und erfülltes Sexualleben. Sie sind Ihrem Partner absolut treu und erwarten von ihm dieselbe Treue. Sie haben ein intuitives Gespür für die Bedürfnisse Ihres Partners und tun alles um sie zu erfüllen.

Der Hang der Jungfrau zum Kritisieren wird bei Ihnen durch den Krebs-Einfluss noch verstärkt. Sie können sehr verletzend, ja sogar grausam werden, wenn Sie sich ärgern; weniger aus Bosheit, sondern weil Sie der Versuchung dem anderen Fehler nachzuweisen nicht widerstehen können. Achten Sie darauf, dass Sie mit Ihrer Kritik das Vertrauen Ihres Partners nicht zerstören.

MARS IM LÖWEN

Mit Mars im Löwen haben Sie zu Sex ein gesundes, unkompliziertes Verhältnis. Sex zählt für Sie zu den schönsten Dingen überhaupt, Sie haben viel Spass daran und sind ein einfallsreicher, talentierter, leidenschaftlicher Partner. Sie legen Wert auf Luxus und Komfort und verführen Ihre Partner gern in einer eleganten, stilvollen Umgebung.

Mit dieser Konstellation besitzen Sie auch ausgezeichnetes Organisationstalent und Führungsqualitäten. Achten Sie aber darauf, dass Sie gegenüber Ihrem Partner nicht rechthaberisch und dominant auftreten.

Wahrscheinlich sind Sie ein sehr direkter, freimütiger Mensch. Da Sie als Jungfrau viel Kritik üben, geschieht das bei Ihnen häufig in einem heftigen Ton. Durch solche Ausbrüche könnten Sie das Selbstvertrauen Ihres Partners zerstören. Sie selbst brauchen viel Aufmerksamkeit und legen manchmal sogar eine regelrechte Theatralik an den Tag. Passen Sie auf, dass Sie darin nicht übertreiben!

MARS IN DER JUNGFRAU

Wenn sich sowohl die Sonne als auch Mars bei Ihrer Geburt in der Jungfrau befanden, sind Sie ein sensibler, selbstbeherrschter Partner. Ihre sexuelle Energie ist eher niedrig, doch wenn Sie erst den richtigen Partner gefunden haben, können Sie leidenschaftlich und sehr zärtlich sein.

Sie sehnen sich nach einer glücklichen, stabilen Partnerschaft, doch durch den starken Einfluss der Jungfrau sind Sie möglicherweise sehr schüchtern und sexuell etwas gehemmt. Versuchen Sie nicht sich einzureden, dass regelmäßiger Sex Ihnen nichts bedeutet. Ein aktives Sexualleben wird Ihnen helfen Stress und Spannungen abzubauen.

Jungfrauen neigen zu übertriebener Kritik und Ihre Marskonstellation verstärkt dies noch. Seien Sie dem Partner gegenüber nicht zu streng, sonst wird er Ihnen das auf Dauer übelnehmen. Auch wenn Sie selbst ein Perfektionist sind, können Sie von anderen nicht erwarten, dass sie sich an Ihren hohen Maßstäben orientieren.

MARS IN DER WAAGE

Der besänftigende Einfluss der Waage vermindert Ihren Energiestrom, wodurch Sie zuweilen ziemlich lustlos und träge sein können und sich bereits erschöpft fühlen, wenn Sie an Sex nur denken. Glücklicherweise kämpft die energische Jungfrau in Ihnen erfolgreich gegen diese Lethargie an. Und sind Ihre Sinne einmal geweckt, sind Sie ein leidenschaftlicher und anregender Partner in der Liebe.

Waage-Geborene sind sehr romantisch und es könnte sein, dass Sie allein schon beim Gedanken ans Verliebtsein im siebten Himmel schweben. Da Jungfrauen sonst eher kühl und sachlich sind, bekommt Ihnen dieser Zug sehr gut. Der mildernde Einfluss der Waage bewirkt auch, dass Sie gelassener auf viele Dinge reagieren und Ihre Neigung zu Kritik und Vorwürfen gegenüber dem Partner sich verringert.

Der Waage-Einfluss verstärkt somit Ihre friedfertigen, sanften Züge. Er macht Sie zu einem Menschen, der in der Partnerschaft nach Harmonie strebt und der den Partner nach Kräften ermutigt und unterstützt.

MARS IM SKORPION

Die Kombination von Skorpion und Jungfrau birgt Konflikte, denn die Leidenschaft und starke Libido des Skorpions stehen im krassen Gegensatz zur jungfräulichen Schüchternheit und Zurückhaltung.

Ihre Sinnlichkeit wird durch Mars kräftig angeregt. Viele werden es unwiderstehlich finden, wie Sie diese starke sexuelle Energie vom Skorpion zu zügeln versuchen. Denn auch wenn Ihre grundsätzliche Einstellung zur Sexualität eher puritanisch ist – sobald Ihre Sinne geweckt sind, überwältigt die Leidenschaftlichkeit des Skorpions Ihre jungfräuliche Selbstbeherrschung.

Sie müssen begreifen, dass eine befriedigende, erfüllte Sexualität wichtig für Ihr Wohlbefinden ist. Wenn Sie sich dem starken Einfluss von Mars widersetzen, werden Sie auf Dauer unglücklich werden. Doch wenn Sie Ihre sexuellen Bedürfnisse positiv umsetzen, werden Sie ein zufriedener und leidenschaftlicher Partner.

MARS IM SCHÜTZEN

Ihre körperliche Energie erhält von Mars im Schützen enormen Auftrieb. Dieser Einfluss ist grundsätzlich positiv, denn dadurch wird Ihre Sinnenfreude gesteigert und Sie haben mehr Spaß am Sex.

Vom Schützen rührt eine gewisse innere Unbeständigkeit, die dazu führen kann, dass Sie die Aussicht auf ein erotisches Abenteuer verlocken könnte. Dank Ihrer jungfräulichen Zurückhaltung ist es jedoch eher unwahrscheinlich, dass Sie Ihre Gedanken auch in die Tat umsetzen.

Sie sind sehr lebhaft und neigen dazu, schnell gelangweilt zu sein. Sie brechen etwas ab und fangen etwas Neues an, nur um, wenn Sie sich davon wiederum gelangweilt fühlen, woanders von vorn zu beginnen. Das könnte auch für Ihre Beziehungen gelten. Gehen Sie lieber keine neue Bindung ein, bevor Sie die alte beendet haben.

Durch den Einfluss des Schützen sagen Sie ziemlich unverblümt Ihre Meinung. Versuchen Sie in der Wahl Ihrer Worte taktvoller zu sein.

MARS IM STEINBOCK

Mars im Steinbock verleiht Ihnen viel Ausdauer und macht aus Ihnen einen erfahrenen, feurigen Partner mit einer entspannten, selbstbewussten Einstellung gegenüber Sex.

Wahrscheinlich sind Sie sehr zielbewusst und ehrgeizig, bieten alles Erdenkliche auf und schrecken vor nichts zurück, wenn Sie Ihren zukünftigen Partner erobern wollen. Die betreffende Person wird fasziniert sein, sich höchst geschmeichelt fühlen und sich Ihrer Werbung nicht lange widersetzen.

Zu Beginn einer Beziehung setzen Sie all Ihren Charme ein und verwöhnen den Partner mit Einladungen und Geschenken und mit viel Zeit und Aufmerksamkeit. Hat sich die Beziehung aber erst einmal gefestigt, kann es passieren, dass der Partner in Ihrem Leben plötzlich nur noch die zweite Geige spielt und Arbeit und Erfolg Ihnen wichtiger sind. Die Gefahren liegen auf der Hand. Achten Sie darauf, dass dies nicht passiert, sonst müssen Sie sich über kurz oder lang nach einem neuen Partner umsehen.

MARS IM WASSERMANN

Mit Mars im Wassermann besitzen Sie alle Voraussetzungen um ein aktives, abwechslungsreiches Sexualleben zu genießen. Sie müssen nur Ihre angeborene Zurückhaltung überwinden.

Die Lust am Experimentieren spielt in Ihrem Liebesleben eine große Rolle, und Sie tun alles um sich und Ihrem Partner eine glückliche und erfüllte Sexualität zu ermöglichen.

Mars im Wassermann betont Ihre Individualität und macht aus Ihnen einen unterhaltsamen, einfallsreichen Partner. Die Neigung der Jungfrau zu Ordnung und Präzision wird bei Ihnen ersetzt durch eine eher unkonventionelle Lebenseinstellung.

Obwohl Wassermann-Geborene sehr freiheitsliebend sind und nach Unabhängigkeit streben, sehnen Sie sich als Jungfrau doch mehr nach einer festen, stabilen Beziehung und halten nichts von kurzen Affären und flüchtigen Abenteuern. Haben Sie Ihren Traumpartner erst einmal gefunden, sind Sie ihm absolut treu.

MARS IN DEN FISCHEN

Der Einfluss der Fische erhöht Ihre Sinnlichkeit und Leidenschaft und verstärkt Ihre erotische Spannung. Mit dieser Planetenkonstellation fällt es selbst den zurückhaltendsten Jungfrau-Geborenen nicht mehr schwer ein erfülltes Sexualleben zu genießen.

Sie sind sehr romantisch und für Ihre Liebe stets zu großen Opfern und dramatischen Einsätzen bereit. Dabei erliegen Sie leicht der Gefahr, Ihre Beziehung zu idealisieren und von ihr die perfekte Symbiose von Körper und Seele zu erwarten.

Zum Glück schaltet sich meistens rechtzeitig Ihr rationaler jungfräulicher Verstand ein, wenn die Gefühlswogen gar zu hoch schlagen. Das verhindert zumindest die allergrößten Enttäuschungen, wenn eine Beziehung schließlich doch nicht Ihren Erwartungen standhält. Wenn es Ihnen gelingt die Balance zwischen Leidenschaft und Verstand zu finden, sind Sie ein verlässlicher, liebevoller und zärtlicher Partner.

GESCHENKE DER LIEBE

DIE ASTROLOGIE ERMÖGLICHT IHNEN NICHT NUR FASZINIERENDE EINBLICKE IN DIE PERSÖNLICHKEIT IHRES PARTNERS, SIE KANN IHNEN AUCH WERTVOLLE HINWEISE GEBEN, WELCHES DIE IDEALEN GESCHENKE FÜR IHREN PARTNER SIND.

Widder

Widder sind sehr sportlich und körperbewusst. Sie freuen sich stets über Sportartikelzubehör. Auch mit einem wohlriechenden Massage-Öl kann man den sinnlichen Widder erfreuen.

FEDERBÄLLE

DUFTENDE MASSAGE-ÖLE

BELGISCHE PRALINEN

Stier

Für Stiere kommt Qualität vor Quantität. Handgefertigte Pralinen oder handbemaltes Porzellan sind willkommene Geschenke.

PILLENDOSE AUS PORZELLAN

Zwillinge

Zwillinge lieben Schmuck, vor allem Ringe und Armbänder.

GOLDENES ARMBAND

Krebs

Als Liebhaber von Antiquitäten freut sich das Wasserzeichen Krebs über alte Drucke von Schiffen oder dem Meer. Außerdem mag er Silber.

SILBER-ANHÄNGER

KUGELSCHREIBER

SEESTÜCK AUS DEM 19. JAHRHUNDERT

Löwe

Für den Löwen sollte es etwas Besonderes sein: zum Beispiel ein echtes Gemälde. Die Sonnenblume ist die Pflanze des Löwen und alle Geschenke mit diesem Motiv sind genau das Richtige für ihn.

ÖLGEMÄLDE

WILDBLÜTENHONIG

KANDIERTE FRÜCHTE

Jungfrau

Mehr als über Pralinen wird sich die gesundheitsbewusste Jungfrau über ein Glas Wildblütenhonig oder eine Packung kandierter Früchte freuen.

VIOLINE

Waage

Waagen sind sehr romantisch und werden von einer schönen Aufnahme ihrer Lieblingsmusik oder einem Filmklassiker auf Video entzückt sein.

FILMPLAKAT

TISCHLAMPE

EMAILLIERTE PILLENDOSE

Skorpion

Eine dekorative Tischlampe wird den Ehrenplatz im Heim eines Skorpions einnehmen. Exotische Badeöle sind ebenfalls eine Leidenschaft dieses sinnlichen Wasserzeichens.

PARFÜMIERTES BADEÖL

Schütze

Der abenteuerlustige Schütze reist leidenschaftlich gern und freut sich stets über Reisebücher, Karten und andere Reise-Accessoires.

Geschenke der Liebe

Hübsch gemusterter Baumwollschirm

Kerzen

Glaskaraffe

Steinbock

Dem wählerischen Steinbock schenken Sie am besten einen schönen Schirm, eine schwere Glaskaraffe oder elegante Kerzen.

Wassermann

Der Wassermann freut sich über ausgefallene Geschenke, zum Beispiel handgefertigte moderne Keramik oder Glas.

Handgefertigte Keramiktasse

Schmucksteine

Sardonyx

Schenken Sie Ihrem Partner den Schmuckstein, der zu seinem Sonnenzeichen passt:

Widder: *Diamant*
Stier: *Smaragd*
Zwilling: *Achat* · Krebs: *Perle*
Löwe: *Rubin* · Jungfrau: *Sardonyx*
Waage: *Saphir* · Skorpion: *Opal*
Schütze: *Topas*
Steinbock: *Amethyst*
Wassermann: *Aquamarin*
Fische: *Mondstein*

Italienische Clownsmaske

Fische

Ihrer verschlossenen Natur entsprechend freuen sich Fische über eine dekorative Maske.

IHRE FESTE BEZIEHUNG

IHRE ANGEBORENE JUNGFRÄULICHE VORSICHT LÄSST SIE BEI DER WAHL DES PARTNERS LANGE ZÖGERN. DOCH IM LAUFE DER BEZIEHUNG GEWINNEN SIE VERTRAUEN UND ZUVERSICHT.

Nach der ersten Liebesnacht werden Sie wahrscheinlich mit einer Mischung aus banger Neugier und Beklommenheit erwachen. Gleichzeitig aber werden Sie sich in den Armen des Partners geborgen und sicher fühlen.

Jungfrauen neigen grundsätzlich dazu, sich über alles Sorgen zu machen. Sie sollten sich aber alle erdenkliche Mühe geben um eine Partnerschaft entspannt anzugehen und Ihre Ängste unter Kontrolle zu bekommen. Denn sonst kann Sie schon die kleinste Änderung in der täglichen Routine um den Verstand bringen.

Sie sind ein Perfektionist und dieser Charakterzug kann sowohl in der Arbeit als auch im Privatleben zu Konflikten führen. Nicht immer wird Ihr Partner Verständnis für Ihren Drang zur Vollkommenheit haben. Wenn Sie einem Beruf nachgehen, wird es Ihnen vielleicht nicht immer gelingen Ihr Zuhause so perfekt sauber und aufgeräumt zu halten, wie Sie es gerne hätten. Aber ist das auch wirklich so wichtig? Wichtiger als die Dinge im Haushalt ist doch, dass Sie Zeit für Ihren Partner haben.

Jungfrauen neigen dazu, sich als die finanzielle Stütze der Familie anzusehen, selbst wenn beide Partner gemeinsam für den Lebensunterhalt aufkommen. Daher ergeht hier nochmals eine Warnung an all die Jungfrauen, die völlig in ihrem Beruf aufgehen: Auch wenn Sie hart und gern arbeiten, sollten Sie darüber nicht Ihr Familienleben und Ihr Zuhause so weit vergessen, dass Ihr Partner sich von Ihnen vernachlässigt fühlt.

Der Jungfrau wird immer nachgesagt, sie sei ein völlig asexuelles

Zu neuen Ufern

Das Gemälde von Caspar David Friedrich zeigt ein frisch vermähltes Paar, das in einem Segelschiff einer strahlenden, aber ungewissen Zukunft entgegenfährt.

Wesen und unfähig eine sexuell befriedigende Beziehung zu pflegen. Das ist zum Glück eine völlig falsche Behauptung, auch wenn Sie sicherlich mehr körperliche Hemmungen als andere Sternzeichen besitzen. Beispielsweise unterschätzen Sie oft Ihre eigene Attraktivität und sind unsicher, was Ihre persönliche Ausstrahlung betrifft. Entwickeln Sie mehr Selbstvertrauen – Ihr Partner liebt Sie nicht aus Gefälligkeit.

Wenn es Ihnen gelingt selbstsicherer zu werden und Ihr nagendes Gewissen auszuschalten, Ihre Sexualität auszuleben und sich nicht ständig um alles und jedes Sorgen zu machen, besitzen Sie alle nötigen Voraussetzungen um richtig glücklich zu werden.

VENUS- & MARS-TABELLEN

DIESE TABELLEN SAGEN IHNEN, IN WELCHEM ZEICHEN VENUS UND MARS ZUM ZEITPUNKT IHRER GEBURT GESTANDEN HABEN. AUF DEN SEITEN 24-45 KÖNNEN SIE NACHLESEN, WAS DIESE TATSACHE ÜBER IHR LIEBES- UND SEXUALLEBEN AUSSAGT.

Mit Hilfe der Tabellen auf Seite 53-61 können Sie die Positionen von Venus bzw. Mars zum Zeitpunkt Ihrer Geburt ermitteln.

Suchen Sie zuerst in der Kopfzeile der nebenstehenden Tabelle Ihr Geburtsjahr, dann, wenn Sie es gefunden haben, in der entsprechenden linken Spalte den Geburtsmonat. Im Schnittpunkt beider Linien finden Sie einige Zahlen und Tierkreissymbole. Die Zahlen und Symbole zeigen Ihnen, in welchem Zeichen der Planet am ersten Tag jenes Monats stand, und an welchem Tag er in ein anderes Zeichen wanderte.

Ein Beispiel: Um herauszufinden, in welchem Zeichen Venus am 10. Mai 1968 stand, fahren Sie mit dem Finger die Spalte des Jahres 1968 ab, bis Sie zum Monat Mai gelangen. Die dortigen Zahlen und Symbole besagen, dass Venus am 1. Mai im Widder stand, am 4. Mai in den Stier wanderte und am 28. Mai in die Zwillinge wechselte. Demnach stand die Venus am 10. Mai im Stier.

Falls einer der Planeten an Ihrem Geburtstag in ein anderes Zeichen gewandert ist, könnte es sein, dass sich die Positionen von Venus und Mars nicht völlig präzise bestimmen lassen. Trifft die einschlägige Charakterisierung auf Sie nicht zu, lesen Sie bitte, was über das vorherige bzw. nachfolgende Zeichen gesagt wurde. Eines der Zeichen ist dann bestimmt zutreffend.

TIERKREISZEICHEN

♈ WIDDER	♎ WAAGE
♉ STIER	♏ SKORPION
♊ ZWILLINGE	♐ SCHÜTZE
♋ KREBS	♑ STEINBOCK
♌ LÖWE	♒ WASSERMANN
♍ JUNGFRAU	♓ FISCHE

Venus-Tabellen

♀	1921	1922	1923	1924	1925	1926	1927	1928
JAN	1 ♒ 7 ♓	1 ♑ 25 ♒	1 ♏ 3 ♐	1 ♒ 20 ♓	1 ♐ 15 ♑	1 ♒	1 ♑ 10 ♒	1 ♏ 5 ♐ 30 ♑
FEB	1 ♓ 3 ♈	1 ♒ 18 ♓	1 ♐ 7 ♑ 14 ♒	1 ♓ 14 ♈	1 ♑ 8 ♒	1 ♒	1 ♒ 3 ♓ 27 ♈	1 ♑ 23 ♒
MÄR	1 ♈ 8 ♉	1 ♓ 14 ♈	1 ♑ 7 ♒	1 ♈ 10 ♉	1 ♒ 5 ♓ 29 ♈	1 ♒	1 ♈ 23 ♉	1 ♒ 19 ♓
APR	1 ♉ 26 ♈	1 ♈ 7 ♉	1 ♒ 2 ♓ 27 ♈	1 ♉ 6 ♊	1 ♈ 22 ♉	1 ♒ 7 ♓	1 ♉ 17 ♊	1 ♓ 12 ♈
MAI	1 ♈	1 ♉ 2 ♊ 26 ♋	1 ♈ 22 ♉	1 ♊ 7 ♋	1 ♉ 16 ♊	1 ♓ 7 ♈	1 ♊ 13 ♋	1 ♈ 7 ♉ 31 ♊
JUN	1 ♈ 3 ♉	1 ♋ 20 ♌	1 ♉ 16 ♊	1 ♋	1 ♊ 10 ♋	1 ♈ 3 ♉ 29 ♊	1 ♋ 9 ♌	1 ♊ 24 ♋
JUL	1 ♉ 9 ♊	1 ♌ 16 ♍	1 ♊ 11 ♋	1 ♋	1 ♋ 4 ♌ 29 ♍	1 ♊ 25 ♋	1 ♌ 8 ♍	1 ♋ 19 ♌
AUG	1 ♊ 6 ♋	1 ♍ 11 ♎	1 ♋ 4 ♌ 28 ♍	1 ♋	1 ♍ 23 ♎	1 ♋ 19 ♌	1 ♍	1 ♌ 12 ♍
SEP	1 ♌ 27 ♍	1 ♎ 8 ♏	1 ♍ 22 ♎	1 ♋ 8 ♌	1 ♎ 17 ♏	1 ♌ 12 ♍	1 ♍	1 ♍ 5 ♎ 30 ♏
OKT	1 ♍ 21 ♎	1 ♏ 11 ♐	1 ♎ 16 ♏	1 ♌ 8 ♍	1 ♏ 12 ♐	1 ♍ 6 ♎ 30 ♏	1 ♍	1 ♏ 24 ♐
NOV	1 ♎ 14 ♏	1 ♐ 29 ♏	1 ♏ 9 ♐	1 ♍ 3 ♎ 28 ♏	1 ♐ 7 ♑	1 ♏ 23 ♐	1 ♍ 10 ♎	1 ♐ 18 ♑
DEZ	1 ♏ 8 ♐	1 ♏	1 ♐ 3 ♑ 27 ♒	1 ♏ 22 ♐	1 ♑ 6 ♒	1 ♐ 17 ♑	1 ♎ 9 ♏	1 ♑ 13 ♒

♀	1929	1930	1931	1932	1933	1934	1935	1936
JAN	1 ♒ 7 ♓	1 ♑ 25 ♒	1 ♏ 4 ♐	1 ♒ 20 ♓	1 ♐ 15 ♑	1 ♒	1 ♑ 9 ♒	1 ♏ 4 ♐ 29 ♑
FEB	1 ♓ 3 ♈	1 ♒ 17 ♓	1 ♐ 7 ♑	1 ♓ 13 ♈	1 ♑ 8 ♒	1 ♒	1 ♒ 2 ♓ 27 ♈	1 ♑ 23 ♒
MÄR	1 ♈ 9 ♉	1 ♓ 13 ♈	1 ♑ 6 ♒	1 ♈ 10 ♉	1 ♒ 4 ♓ 28 ♈	1 ♒	1 ♈ 23 ♉	1 ♒ 18 ♓
APR	1 ♉ 21 ♈	1 ♈ 7 ♉	1 ♓ 27 ♈	1 ♉ 6 ♊	1 ♈ 21 ♉	1 ♒ 7 ♓	1 ♉ 17 ♊	1 ♓ 12 ♈
MAI	1 ♈	1 ♊ 26 ♋	1 ♈ 22 ♉	1 ♊ 7 ♋	1 ♉ 16 ♊	1 ♓ 7 ♈	1 ♊ 12 ♋	1 ♈ 6 ♉ 30 ♊
JUN	1 ♈ 4 ♉	1 ♋ 20 ♌	1 ♉ 15 ♊	1 ♋	1 ♊ 9 ♋	1 ♈ 3 ♉ 29 ♊	1 ♋ 8 ♌	1 ♊ 24 ♋
JUL	1 ♉ 9 ♊	1 ♌ 15 ♍	1 ♊ 10 ♋	1 ♋ 14 ♊ 29 ♋	1 ♋ 4 ♌ 28 ♍	1 ♊ 24 ♋	1 ♌ 8 ♍	1 ♋ 18 ♌
AUG	1 ♊ 6 ♋	1 ♍ 11 ♎	1 ♋ 4 ♌ 28 ♍	1 ♋	1 ♍ 22 ♎	1 ♋ 18 ♌	1 ♍	1 ♌ 12 ♍
SEP	1 ♌ 26 ♍	1 ♎ 8 ♏	1 ♍ 21 ♎	1 ♋ 9 ♌	1 ♎ 16 ♏	1 ♌ 12 ♍	1 ♍	1 ♍ 5 ♎ 29 ♏
OKT	1 ♍ 21 ♎	1 ♏ 13 ♐	1 ♎ 15 ♏	1 ♌ 8 ♍	1 ♏ 12 ♐	1 ♍ 6 ♎ 30 ♏	1 ♍	1 ♏ 24 ♐
NOV	1 ♎ 14 ♏	1 ♐ 23 ♏	1 ♏ 8 ♐	1 ♍ 3 ♎ 28 ♏	1 ♐ 7 ♑	1 ♏ 23 ♐	1 ♍ 10 ♎	1 ♐ 17 ♑
DEZ	1 ♏ 8 ♐ 31 ♑	1 ♏	1 ♐ 2 ♑ 26 ♒	1 ♏ 22 ♐	1 ♑ 6 ♒	1 ♐ 17 ♑	1 ♎ 9 ♏	1 ♑ 12 ♒

Venus-Tabellen

♀	1937	1938	1939	1940	1941	1942	1943	1944
JAN	1 ♒ 7 ♓	1 ♑ 24 ♒	1 ♏ 5 ♐	1 ♒ 19 ♓	1 ♐ 14 ♑	1 ♒	1 ♑ 9 ♒	1 ♏ 4 ♐ 29 ♑
FEB	1 ♓ 3 ♈	1 ♒ 17 ♓	1 ♐ 7 ♑	1 ♓ 13 ♈	1 ♑ 7 ♒	1 ♒	1 ♒ 2 ♓ 26 ♈	1 ♑ 22 ♒
MÄR	1 ♈ 10 ♉	1 ♓ 13 ♈	1 ♑ 6 ♒	1 ♈ 9 ♉	1 ♒ 3 ♓ 28 ♈	1 ♒	1 ♈ 22 ♉	1 ♒ 18 ♓
APR	1 ♉ 15 ♈	1 ♈ 6 ♉ 30 ♊	1 ♓ 26 ♈	1 ♉ 5 ♊	1 ♈ 21 ♉	1 ♒ 7 ♓	1 ♉ 16 ♊	1 ♓ 11 ♈
MAI	1 ♈	1 ♊ 25 ♋	1 ♈ 21 ♉	1 ♊ 7 ♋	1 ♉ 15 ♊	1 ♓ 7 ♈	1 ♊ 12 ♋	1 ♈ 5 ♉ 30 ♊
JUN	1 ♈ 5 ♉	1 ♋ 19 ♌	1 ♉ 15 ♊	1 ♋	1 ♊ 8 ♋	1 ♈ 3 ♉ 28 ♊	1 ♋ 8 ♌	1 ♊ 23 ♋
JUL	1 ♉ 8 ♊	1 ♌ 15 ♍	1 ♊ 10 ♋	1 ♋ 6 ♊	1 ♋ 3 ♌ 28 ♍	1 ♊ 24 ♋	1 ♌ 8 ♍	1 ♋ 18 ♌
AUG	1 ♊ 5 ♋	1 ♍ 10 ♎	1 ♋ 3 ♌ 27 ♍	1 ♊ 2 ♋	1 ♍ 22 ♎	1 ♋ 18 ♌	1 ♍	1 ♌ 11 ♍
SEP	1 ♌ 26 ♍	1 ♎ 8 ♏	1 ♍ 21 ♎	1 ♋ 9 ♌	1 ♎ 16 ♏	1 ♌ 11 ♍	1 ♍	1 ♍ 4 ♎ 29 ♏
OKT	1 ♍ 20 ♎	1 ♏ 14 ♐	1 ♎ 15 ♏	1 ♌ 7 ♍	1 ♏ 11 ♐	1 ♍ 5 ♎ 29 ♏	1 ♍	1 ♏ 23 ♐
NOV	1 ♎ 13 ♏	1 ♐ 16 ♏	1 ♏ 8 ♐	1 ♍ 2 ♎ 27 ♏	1 ♐ 7 ♑	1 ♏ 22 ♐	1 ♍ 10 ♎	1 ♐ 17 ♑
DEZ	1 ♏ 7 ♐ 31 ♑	1 ♏	1 ♐ 2 ♑ 26 ♒	1 ♏ 21 ♐	1 ♑ 6 ♒	1 ♐ 16 ♑	1 ♎ 9 ♏	1 ♑ 12 ♒

♀	1945	1946	1947	1948	1949	1950	1951	1952
JAN	1 ♒ 6 ♓	1 ♑ 23 ♒	1 ♏ 6 ♐	1 ♒ 19 ♓	1 ♐ 14 ♑	1 ♒	1 ♑ 8 ♒	1 ♏ 3 ♐ 28 ♑
FEB	1 ♓ 3 ♈	1 ♒ 16 ♓	1 ♐ 7 ♑	1 ♓ 12 ♈	1 ♑ 7 ♒	1 ♒	1 ♓ 25 ♈	1 ♑ 21 ♒
MÄR	1 ♈ 12 ♉	1 ♓ 12 ♈	1 ♑ 6 ♒ 31 ♓	1 ♈ 9 ♉	1 ♒ 3 ♓ 27 ♈	1 ♒	1 ♈ 22 ♉	1 ♒ 17 ♓
APR	1 ♉ 8 ♈	1 ♈ 6 ♉ 30 ♊	1 ♓ 26 ♈	1 ♉ 5 ♊	1 ♈ 20 ♉	1 ♒ 7 ♓	1 ♉ 16 ♊	1 ♓ 10 ♈
MAI	1 ♈	1 ♊ 25 ♋	1 ♈ 21 ♉	1 ♊ 8 ♋	1 ♉ 15 ♊	1 ♓ 6 ♈	1 ♊ 12 ♋	1 ♈ 5 ♉ 29 ♊
JUN	1 ♈ 5 ♉	1 ♋ 19 ♌	1 ♉ 14 ♊	1 ♋ 30 ♊	1 ♊ 8 ♋	1 ♈ 2 ♉ 28 ♊	1 ♋ 8 ♌	1 ♊ 23 ♋
JUL	1 ♉ 8 ♊	1 ♌ 14 ♍	1 ♊ 9 ♋	1 ♊	1 ♋ 2 ♌ 27 ♍	1 ♊ 23 ♋	1 ♌ 9 ♍	1 ♋ 17 ♌
AUG	1 ♊ 5 ♋ 31 ♌	1 ♍ 10 ♎	1 ♋ 3 ♌ 27 ♍	1 ♊ 4 ♋	1 ♍ 21 ♎	1 ♋ 17 ♌	1 ♍	1 ♌ 10 ♍
SEP	1 ♌ 25 ♍	1 ♎ 8 ♏	1 ♍ 20 ♎	1 ♋ 9 ♌	1 ♎ 15 ♏	1 ♌ 11 ♍	1 ♍	1 ♍ 4 ♎ 28 ♏
OKT	1 ♍ 20 ♎	1 ♏ 17 ♐	1 ♎ 14 ♏	1 ♌ 7 ♍	1 ♏ 11 ♐	1 ♍ 5 ♎ 29 ♏	1 ♍	1 ♏ 23 ♐
NOV	1 ♎ 13 ♏	1 ♐ 9 ♏	1 ♏ 7 ♐	1 ♍ 2 ♎ 27 ♏	1 ♐ 7 ♑	1 ♏ 22 ♐	1 ♍ 10 ♎	1 ♐ 16 ♑
DEZ	1 ♏ 7 ♐ 31 ♑	1 ♏	1 ♑ 25 ♒	1 ♏ 21 ♐	1 ♑ 7 ♒	1 ♐ 15 ♑	1 ♎ 9 ♏	1 ♑ 11 ♒

Venus-Tabellen

♀	1953	1954	1955	1956	1957	1958	1959	1960
JAN	1 ♒, 6 ♓	1 ♑, 23 ♒	1 ♏, 7 ♐	1 ♒, 18 ♓	1 ♐, 13 ♑	1 ♒	1 ♑, 8 ♒	1 ♏, 3 ♐, 28 ♑
FEB	1 ♓, 3 ♈	1 ♒, 16 ♓	1 ♐, 7 ♑	1 ♓, 12 ♈	1 ♑, 6 ♒	1 ♒	1 ♓, 25 ♈	1 ♑, 21 ♒
MÄR	1 ♈, 15 ♉	1 ♓, 12 ♈	1 ♑, 5 ♒, 31 ♓	1 ♈, 8 ♉	1 ♒, 2 ♓, 26 ♈	1 ♒	1 ♈, 21 ♉	1 ♒, 16 ♓
APR	1 ♈	1 ♈, 5 ♉, 29 ♊	1 ♓, 25 ♈	1 ♉, 5 ♊	1 ♈, 19 ♉	1 ♒, 7 ♓	1 ♉, 15 ♊	1 ♓, 10 ♈
MAI	1 ♈	1 ♊, 24 ♋	1 ♈, 20 ♉	1 ♊, 9 ♋	1 ♉, 14 ♊	1 ♓, 6 ♈	1 ♊, 11 ♋	1 ♈, 4 ♉, 29 ♊
JUN	1 ♈, 6 ♉	1 ♋, 18 ♌	1 ♉, 14 ♊	1 ♋, 24 ♊	1 ♊, 7 ♋	1 ♈, 2 ♉, 27 ♊	1 ♋, 7 ♌	1 ♊, 22 ♋
JUL	1 ♉, 8 ♊	1 ♌, 14 ♍	1 ♊, 9 ♋	1 ♊	1 ♋, 2 ♌, 27 ♍	1 ♊, 22 ♋	1 ♌, 9 ♍	1 ♋, 16 ♌
AUG	1 ♊, 5 ♋, 31 ♌	1 ♍, 10 ♎	1 ♋, 2 ♌, 26 ♍	1 ♊, 5 ♋	1 ♍, 21 ♎	1 ♋, 16 ♌	1 ♍	1 ♌, 9 ♍
SEP	1 ♌, 25 ♍	1 ♎, 7 ♏	1 ♍, 19 ♎	1 ♋, 9 ♌	1 ♎, 15 ♏	1 ♌, 10 ♍	1 ♍, 21 ♌, 26 ♍	1 ♍, 3 ♎, 28 ♏
OKT	1 ♍, 19 ♎	1 ♏, 24 ♐, 28 ♏	1 ♎, 13 ♏	1 ♌, 7 ♍	1 ♏, 11 ♐	1 ♍, 3 ♎, 28 ♏	1 ♍	1 ♏, 22 ♐
NOV	1 ♎, 12 ♏	1 ♏	1 ♏, 6 ♐	1 ♎, 26 ♏	1 ♐, 6 ♑	1 ♏, 21 ♐	1 ♍, 10 ♎	1 ♐, 16 ♑
DEZ	1 ♏, 6 ♐, 30 ♑	1 ♏	1 ♑, 25 ♒	1 ♏, 20 ♐	1 ♑, 7 ♒	1 ♐, 15 ♑	1 ♎, 8 ♏	1 ♑, 11 ♒

♀	1961	1962	1963	1964	1965	1966	1967	1968
JAN	1 ♒, 6 ♓	1 ♑, 22 ♒	1 ♏, 7 ♐	1 ♒, 17 ♓	1 ♐, 13 ♑	1 ♒	1 ♑, 7 ♒, 31 ♓	1 ♏, 2 ♐, 27 ♑
FEB	1 ♓, 3 ♈	1 ♒, 15 ♓	1 ♐, 6 ♑	1 ♓, 11 ♈	1 ♑, 6 ♒	1 ♒, 7 ♑, 26 ♒	1 ♓, 24 ♈	1 ♑, 21 ♒
MÄR	1 ♈	1 ♓, 11 ♈	1 ♑, 5 ♒, 31 ♓	1 ♈, 8 ♉	1 ♒, 2 ♓, 26 ♈	1 ♒	1 ♈, 21 ♉	1 ♒, 16 ♓
APR	1 ♈	1 ♈, 4 ♉, 29 ♊	1 ♓, 25 ♈	1 ♉, 5 ♊	1 ♈, 19 ♉	1 ♒, 7 ♓	1 ♉, 15 ♊	1 ♓, 9 ♈
MAI	1 ♈	1 ♊, 24 ♋	1 ♈, 19 ♉	1 ♊, 10 ♋	1 ♉, 13 ♊	1 ♓, 6 ♈	1 ♊, 11 ♋	1 ♈, 4 ♉, 28 ♊
JUN	1 ♈, 6 ♉	1 ♋, 18 ♌	1 ♉, 13 ♊	1 ♋, 18 ♊	1 ♊, 7 ♋	1 ♉, 27 ♊	1 ♋, 7 ♌	1 ♊, 21 ♋
JUL	1 ♉, 8 ♊	1 ♌, 13 ♍	1 ♊, 8 ♋	1 ♊	1 ♌, 26 ♍	1 ♊, 22 ♋	1 ♌, 9 ♍	1 ♋, 16 ♌
AUG	1 ♊, 4 ♋, 30 ♌	1 ♍, 9 ♎	1 ♌, 26 ♍	1 ♊, 6 ♋	1 ♍, 20 ♎	1 ♋, 16 ♌	1 ♍	1 ♌, 9 ♍
SEP	1 ♌, 24 ♍	1 ♎, 8 ♏	1 ♍, 18 ♎	1 ♋, 9 ♌	1 ♎, 14 ♏	1 ♌, 9 ♍	1 ♍, 10 ♌	1 ♍, 3 ♎, 27 ♏
OKT	1 ♍, 18 ♎	1 ♏	1 ♎, 13 ♏	1 ♌, 6 ♍	1 ♏, 10 ♐	1 ♍, 3 ♎, 27 ♏	1 ♌, 2 ♍	1 ♏, 22 ♐
NOV	1 ♎, 12 ♏	1 ♏	1 ♏, 6 ♐, 30 ♑	1 ♎, 25 ♏	1 ♐, 6 ♑	1 ♏, 20 ♐	1 ♍, 10 ♎	1 ♐, 15 ♑
DEZ	1 ♏, 6 ♐, 29 ♑	1 ♏	1 ♑, 24 ♒	1 ♏, 20 ♐	1 ♑, 8 ♒	1 ♐, 14 ♑	1 ♎, 8 ♏	1 ♑, 10 ♒

Venus-Tabellen

♀	1969	1970	1971	1972	1973	1974	1975	1976
JAN	1 ♒ 5 ♓	1 ♑ 22 ♒	1 ♏ 8 ♐	1 ♒ 17 ♓	1 ♐ 12 ♑	1 ♒ 30 ♑	1 ♑ 7 ♒ 31 ♓	1 ♏ 2 ♐ 27 ♑
FEB	1 ♓ 3 ♈	1 ♒ 15 ♓	1 ♐ 6 ♑	1 ♓ 11 ♈	1 ♑ 5 ♒	1 ♑	1 ♓ 24 ♈	1 ♑ 20 ♒
MÄR	1 ♈	1 ♓ 11 ♈	1 ♑ 5 ♒ 30 ♓	1 ♈ 8 ♉	1 ♓ 25 ♈	1 ♒	1 ♈ 20 ♉	1 ♒ 15 ♓
APR	1 ♈	1 ♈ 4 ♉ 28 ♊	1 ♓ 24 ♈	1 ♉ 4 ♊	1 ♈ 19 ♉	1 ♒ 7 ♓	1 ♉ 14 ♊	1 ♓ 9 ♈
MAI	1 ♈	1 ♊ 23 ♋	1 ♈ 19 ♉	1 ♊ 11 ♋	1 ♉ 13 ♊	1 ♓ 5 ♈	1 ♊ 10 ♋	1 ♈ 3 ♉ 27 ♊
JUN	1 ♈ 6 ♉	1 ♋ 17 ♌	1 ♉ 13 ♊	1 ♋ 12 ♊	1 ♊ 6 ♋	1 ♉ 26 ♊	1 ♋ 7 ♌	1 ♊ 21 ♋
JUL	1 ♉ 7 ♊	1 ♌ 13 ♍	1 ♊ 7 ♋	1 ♊	1 ♌ 26 ♍	1 ♊ 22 ♋	1 ♌ 10 ♍	1 ♋ 15 ♌
AUG	1 ♊ 4 ♋ 30 ♌	1 ♍ 9 ♎	1 ♌ 25 ♍	1 ♊ 7 ♋	1 ♍ 19 ♎	1 ♋ 15 ♌	1 ♍	1 ♌ 9 ♍
SEP	1 ♌ 24 ♍	1 ♎ 8 ♏	1 ♍ 18 ♎	1 ♋ 8 ♌	1 ♎ 14 ♏	1 ♌ 9 ♍	1 ♍ 3 ♌	1 ♍ 2 ♎ 26 ♏
OKT	1 ♍ 18 ♎	1 ♏	1 ♎ 12 ♏	1 ♌ 6 ♍ 31 ♎	1 ♏ 10 ♐	1 ♍ 3 ♎ 27 ♏	1 ♌ 5 ♍	1 ♏ 21 ♐
NOV	1 ♎ 11 ♏	1 ♏	1 ♏ 5 ♐ 30 ♑	1 ♎ 25 ♏	1 ♐ 6 ♑	1 ♏ 20 ♐	1 ♍ 10 ♎	1 ♐ 15 ♑
DEZ	1 ♏ 5 ♐ 29 ♑	1 ♏	1 ♑ 24 ♒	1 ♏ 19 ♐	1 ♑ 8 ♒	1 ♐ 14 ♑	1 ♎ 7 ♏	1 ♑ 10 ♒

♀	1977	1978	1979	1980	1981	1982	1983	1984
JAN	1 ♒ 5 ♓	1 ♑ 21 ♒	1 ♏ 8 ♐	1 ♒ 16 ♓	1 ♐ 12 ♑	1 ♒ 24 ♑	1 ♑ 6 ♒ 30 ♓	1 ♏ 2 ♐ 26 ♑
FEB	1 ♓ 3 ♈	1 ♒ 14 ♓	1 ♐ 6 ♑	1 ♓ 10 ♈	1 ♑ 5 ♒ 28 ♓	1 ♑	1 ♓ 23 ♈	1 ♑ 20 ♒
MÄR	1 ♈	1 ♓ 10 ♈	1 ♑ 4 ♒ 29 ♓	1 ♈ 7 ♉	1 ♓ 25 ♈	1 ♑ 3 ♒	1 ♈ 20 ♉	1 ♒ 15 ♓
APR	1 ♈	1 ♈ 3 ♉ 28 ♊	1 ♓ 23 ♈	1 ♉ 4 ♊	1 ♈ 18 ♉	1 ♒ 7 ♓	1 ♉ 14 ♊	1 ♓ 8 ♈
MAI	1 ♈	1 ♊ 22 ♋	1 ♈ 18 ♉	1 ♊ 13 ♋	1 ♉ 12 ♊	1 ♓ 5 ♈ 31 ♉	1 ♊ 10 ♋	1 ♈ 3 ♉ 27 ♊
JUN	1 ♈ 7 ♉	1 ♋ 17 ♌	1 ♉ 12 ♊	1 ♋ 6 ♊	1 ♊ 6 ♋ 30 ♌	1 ♉ 26 ♊	1 ♋ 7 ♌	1 ♊ 21 ♋
JUL	1 ♉ 7 ♊	1 ♌ 12 ♍	1 ♊ 7 ♋ 31 ♌	1 ♊	1 ♌ 25 ♍	1 ♊ 21 ♋	1 ♌ 11 ♍	1 ♋ 15 ♌
AUG	1 ♊ 3 ♋ 29 ♌	1 ♍ 8 ♎	1 ♌ 25 ♍	1 ♊ 7 ♋	1 ♍ 19 ♎	1 ♋ 15 ♌	1 ♍ 28 ♌	1 ♌ 8 ♍
SEP	1 ♌ 23 ♍	1 ♎ 8 ♏	1 ♍ 18 ♎	1 ♋ 8 ♌	1 ♎ 13 ♏	1 ♌ 8 ♍	1 ♌	1 ♍ 2 ♎ 26 ♏
OKT	1 ♍ 17 ♎	1 ♏	1 ♎ 12 ♏	1 ♌ 5 ♍ 31 ♎	1 ♏ 9 ♐	1 ♍ 2 ♎ 26 ♏	1 ♌ 6 ♍	1 ♏ 21 ♐
NOV	1 ♎ 11 ♏	1 ♏	1 ♏ 5 ♐ 29 ♑	1 ♎ 25 ♏	1 ♐ 6 ♑	1 ♏ 19 ♐	1 ♍ 10 ♎	1 ♐ 14 ♑
DEZ	1 ♏ 4 ♐ 28 ♑	1 ♏	1 ♑ 23 ♒	1 ♏ 19 ♐	1 ♑ 9 ♒	1 ♐ 12 ♑	1 ♎ 7 ♏	1 ♑ 10 ♒

Venus-Tabellen

♀	1985	1986	1987	1988	1989	1990	1991	1992
JAN	1 ♒ 5 ♓	1 ♑ 21 ♒	1 ♏ 8 ♐	1 ♒ 16 ♓	1 ♐ 11 ♑	1 ♒ 17 ♑	1 ♑ 6 ♒ 30 ♓	1 ♐ 26 ♑
FEB	1 ♓ 3 ♈	1 ♒ 14 ♓	1 ♐ 6 ♑	1 ♓ 10 ♈	1 ♑ 4 ♒ 28 ♓	1 ♑	1 ♓ 23 ♈	1 ♑ 19 ♒
MÄR	1 ♈	1 ♓ 9 ♈	1 ♑ 4 ♒ 29 ♓	1 ♈ 7 ♉	1 ♓ 24 ♈	1 ♑ 4 ♒	1 ♈ 19 ♉	1 ♒ 14 ♓
APR	1 ♈	1 ♈ 3 ♉ 27 ♊	1 ♓ 23 ♈	1 ♉ 4 ♊	1 ♈ 17 ♉	1 ♒ 7 ♓	1 ♉ 13 ♊	1 ♓ 7 ♈
MAI	1 ♈	1 ♊ 22 ♋	1 ♈ 18 ♉	1 ♊ 18 ♋ 27 ♊	1 ♉ 12 ♊	1 ♓ 4 ♈ 31 ♉	1 ♊ 9 ♋	1 ♈ 2 ♉ 26 ♊
JUN	1 ♈ 7 ♉	1 ♋ 16 ♌	1 ♉ 12 ♊	1 ♊	1 ♊ 5 ♋ 30 ♌	1 ♉ 25 ♊	1 ♋ 7 ♌	1 ♊ 20 ♋
JUL	1 ♉ 7 ♊	1 ♌ 12 ♍	1 ♊ 6 ♋ 31 ♌	1 ♊	1 ♌ 24 ♍	1 ♊ 20 ♋	1 ♌ 11 ♍	1 ♋ 14 ♌
AUG	1 ♊ 3 ♋ 28 ♌	1 ♍ 8 ♎	1 ♌ 24 ♍	1 ♊ 7 ♋	1 ♍ 18 ♎	1 ♋ 13 ♌	1 ♍ 22 ♌	1 ♌ 7 ♍
SEP	1 ♌ 23 ♍	1 ♎ 8 ♏	1 ♍ 17 ♎	1 ♋ 8 ♌	1 ♎ 13 ♏	1 ♌ 9 ♍	1 ♌	1 ♎ 25 ♏
OKT	1 ♍ 17 ♎	1 ♏	1 ♎ 11 ♏	1 ♌ 5 ♍ 30 ♎	1 ♏ 9 ♐	1 ♍ 2 ♎ 26 ♏	1 ♌ 7 ♍	1 ♏ 20 ♐
NOV	1 ♎ 10 ♏	1 ♏	1 ♏ 4 ♐ 28 ♑	1 ♎ 24 ♏	1 ♐ 6 ♑	1 ♏ 19 ♐	1 ♍ 9 ♎	1 ♐ 14 ♑
DEZ	1 ♏ 4 ♐ 28 ♑	1 ♏	1 ♑ 23 ♒	1 ♏ 18 ♐	1 ♑ 10 ♒	1 ♐ 13 ♑	1 ♎ 7 ♏	1 ♑ 9 ♒

♀	1993	1994	1995	1996	1997	1998	1999	2000
JAN	1 ♒ 4 ♓	1 ♑ 20 ♒	1 ♏ 8 ♐	1 ♒ 15 ♓	1 ♐ 10 ♑	1 ♒ 10 ♑	1 ♑ 5 ♒ 29 ♓	1 ♐ 25 ♑
FEB	1 ♓ 3 ♈	1 ♒ 13 ♓	1 ♐ 5 ♑	1 ♓ 9 ♈	1 ♑ 4 ♒ 28 ♓	1 ♑	1 ♓ 22 ♈	1 ♑ 19 ♒
MÄR	1 ♈	1 ♓ 9 ♈	1 ♑ 3 ♒ 29 ♓	1 ♈ 6 ♉	1 ♓ 24 ♈	1 ♑ 5 ♒	1 ♈ 19 ♉	1 ♒ 14 ♓
APR	1 ♈	1 ♈ 2 ♉ 27 ♊	1 ♓ 23 ♈	1 ♉ 4 ♊	1 ♈ 17 ♉	1 ♒ 7 ♓	1 ♉ 13 ♊	1 ♓ 7 ♈
MAI	1 ♈	1 ♊ 21 ♋	1 ♈ 17 ♉	1 ♊	1 ♉ 11 ♊	1 ♓ 4 ♈ 30 ♉	1 ♊ 9 ♋	1 ♈ 2 ♉ 26 ♊
JUN	1 ♈ 7 ♉	1 ♋ 15 ♌	1 ♉ 11 ♊	1 ♊	1 ♊ 4 ♋ 29 ♌	1 ♉ 25 ♊	1 ♋ 6 ♌	1 ♊ 19 ♋
JUL	1 ♉ 6 ♊	1 ♌ 12 ♍	1 ♊ 6 ♋ 30 ♌	1 ♊	1 ♌ 24 ♍	1 ♊ 20 ♋	1 ♌ 13 ♍	1 ♋ 14 ♌
AUG	1 ♊ 2 ♋ 28 ♌	1 ♍ 8 ♎	1 ♌ 23 ♍	1 ♊ 8 ♋	1 ♍ 18 ♎	1 ♋ 14 ♌	1 ♍ 16 ♌	1 ♌ 7 ♍
SEP	1 ♌ 22 ♍	1 ♎ 8 ♏	1 ♍ 17 ♎	1 ♋ 8 ♌	1 ♎ 12 ♏	1 ♌ 7 ♍	1 ♌	1 ♎ 25 ♏
OKT	1 ♍ 16 ♎	1 ♏	1 ♎ 11 ♏	1 ♌ 5 ♍ 30 ♎	1 ♏ 9 ♐	1 ♎ 25 ♏	1 ♌ 8 ♍	1 ♏ 20 ♐
NOV	1 ♎ 9 ♏	1 ♏	1 ♏ 4 ♐ 28 ♑	1 ♎ 23 ♏	1 ♐ 6 ♑	1 ♏ 18 ♐	1 ♍ 10 ♎	1 ♐ 13 ♑
DEZ	1 ♏ 3 ♐ 27 ♑	1 ♏	1 ♑ 22 ♒	1 ♏ 17 ♐	1 ♑ 12 ♒	1 ♐ 12 ♑	1 ♎ 6 ♏	1 ♑ 9 ♒

Mars-Tabellen

♂	1921	1922	1923	1924	1925	1926	1927	1928	1929	1930
JAN	1 ♒ 5 ♓	1 ♏	1 ♓ 21 ♈	1 ♏ 19 ♐	1 ♈	1 ♐	1 ♉	1 ♐ 19 ♑	1 ♊	1 ♑
FEB	1 ♓ 13 ♈	1 ♏ 18 ♐	1 ♈	1 ♐	1 ♈ 5 ♉	1 ♐ 9 ♑	1 ♉ 22 ♊	1 ♑ 28 ♒	1 ♊	1 ♑ 6 ♒
MÄR	1 ♈ 25 ♉	1 ♐	1 ♈ 4 ♉	1 ♐ 6 ♑	1 ♉ 24 ♊	1 ♑ 23 ♒	1 ♊	1 ♒	1 ♊ 10 ♋	1 ♒ 17 ♓
APR	1 ♉	1 ♐	1 ♉ 16 ♊	1 ♑ 24 ♒	1 ♊	1 ♒	1 ♊ 17 ♋	1 ♒ 7 ♓	1 ♋	1 ♓ 24 ♈
MAI	1 ♉ 6 ♊	1 ♐	1 ♊ 30 ♋	1 ♒	1 ♊ 9 ♋	1 ♒ 3 ♓	1 ♋	1 ♓ 16 ♈	1 ♋ 13 ♌	1 ♈
JUN	1 ♊ 18 ♋	1 ♐	1 ♋	1 ♒ 24 ♓	1 ♋ 26 ♌	1 ♓ 15 ♈	1 ♋ 6 ♌	1 ♈ 26 ♉	1 ♌	1 ♈ 3 ♉
JUL	1 ♋	1 ♐	1 ♋ 16 ♌	1 ♓	1 ♌	1 ♈	1 ♌ 25 ♍	1 ♉	1 ♌ 4 ♍	1 ♉ 14 ♊
AUG	1 ♋ 3 ♌	1 ♐	1 ♌	1 ♓ 24 ♒	1 ♌ 12 ♍	1 ♉	1 ♍	1 ♉ 9 ♊	1 ♍ 21 ♎	1 ♊ 28 ♋
SEP	1 ♌ 19 ♍	1 ♐ 13 ♑	1 ♍	1 ♒	1 ♍ 28 ♎	1 ♉	1 ♍ 10 ♎	1 ♊	1 ♎	1 ♋
OKT	1 ♍	1 ♑ 30 ♒	1 ♍ 18 ♎	1 ♒ 19 ♓	1 ♎	1 ♉	1 ♎ 26 ♏	1 ♊ 3 ♋	1 ♎ 6 ♏	1 ♋ 20 ♌
NOV	1 ♍ 6 ♎	1 ♒	1 ♎	1 ♓	1 ♎ 13 ♏	1 ♉	1 ♏	1 ♋	1 ♏ 18 ♐	1 ♌
DEZ	1 ♎ 26 ♏	1 ♒ 11 ♓	1 ♎ 4 ♏	1 ♓ 19 ♈	1 ♏ 28 ♐	1 ♉	1 ♏ 8 ♐	1 ♋ 20 ♊	1 ♐ 29 ♑	1 ♌

♂	1931	1932	1933	1934	1935	1936	1937	1938	1939	1940
JAN	1 ♌	1 ♑ 18 ♒	1 ♍	1 ♒	1 ♎	1 ♒ 14 ♓	1 ♎ 5 ♏	1 ♓ 30 ♈	1 ♏ 29 ♐	1 ♓ 4 ♈
FEB	1 ♌ 16 ♋	1 ♒ 25 ♓	1 ♍	1 ♒ 4 ♓	1 ♎	1 ♓ 22 ♈	1 ♏	1 ♈	1 ♐	1 ♈ 17 ♉
MÄR	1 ♋ 30 ♌	1 ♓	1 ♍	1 ♓ 14 ♈	1 ♎	1 ♈	1 ♏ 13 ♐	1 ♈ 12 ♉	1 ♐ 21 ♑	1 ♉
APR	1 ♌	1 ♓ 3 ♈	1 ♍	1 ♈ 22 ♉	1 ♎	1 ♉	1 ♐	1 ♉ 23 ♊	1 ♑	1 ♊
MAI	1 ♌	1 ♈ 12 ♉	1 ♍	1 ♉	1 ♎	1 ♉ 13 ♊	1 ♐ 14 ♏	1 ♊	1 ♑ 25 ♒	1 ♊ 17 ♋
JUN	1 ♌ 10 ♍	1 ♉ 22 ♊	1 ♍	1 ♉ 2 ♊	1 ♎	1 ♊ 25 ♋	1 ♏	1 ♊ 7 ♋	1 ♒	1 ♋
JUL	1 ♍	1 ♊	1 ♍ 6 ♎	1 ♊ 15 ♋	1 ♎ 29 ♏	1 ♋	1 ♏	1 ♋ 22 ♌	1 ♒ 21 ♑	1 ♋ 3 ♌
AUG	1 ♎	1 ♊ 4 ♋	1 ♎ 26 ♏	1 ♋ 30 ♌	1 ♏	1 ♋ 10 ♌	1 ♏ 8 ♐	1 ♌	1 ♑	1 ♌ 19 ♍
SEP	1 ♎ 17 ♏	1 ♋ 20 ♌	1 ♏	1 ♌	1 ♏ 16 ♐	1 ♌ 26 ♍	1 ♐ 30 ♑	1 ♌ 7 ♍	1 ♑ 24 ♒	1 ♍
OKT	1 ♏ 30 ♐	1 ♌	1 ♏ 9 ♐	1 ♌ 18 ♍	1 ♐ 28 ♑	1 ♍	1 ♑	1 ♍ 25 ♎	1 ♒	1 ♍ 5 ♎
NOV	1 ♐	1 ♌ 13 ♍	1 ♐ 19 ♑	1 ♍	1 ♑	1 ♍ 14 ♎	1 ♑ 11 ♒	1 ♎	1 ♒ 19 ♓	1 ♎ 20 ♏
DEZ	1 ♐ 10 ♑	1 ♍	1 ♑ 28 ♒	1 ♍ 11 ♎	1 ♑ 7 ♒	1 ♎	1 ♒ 21 ♓	1 ♎ 11 ♏	1 ♓	1 ♏

Mars-Tabellen

♂	1941	1942	1943	1944	1945	1946	1947	1948	1949	1950
JAN	1 ♏ 4 ♐	1 ♈ 11 ♉	1 ♐ 26 ♑	1 ♊	1 ♐ 5 ♑	1 ♋	1 ♑ 25 ♒	1 ♍	1 ♑ 4 ♒	1 ♎
FEB	1 ♐ 17 ♑	1 ♉	1 ♑	1 ♊	1 ♑ 14 ♒	1 ♋	1 ♒	1 ♍ 12 ♌	1 ♒ 11 ♓	1 ♎
MÄR	1 ♑	1 ♉ 7 ♊	1 ♑ 8 ♒	1 ♊ 29 ♋	1 ♒ 25 ♓	1 ♋	1 ♒ 4 ♓	1 ♌	1 ♓ 21 ♈	1 ♎ 28 ♍
APR	1 ♑ 2 ♒	1 ♊ 26 ♋	1 ♒ 17 ♓	1 ♋	1 ♓	1 ♋ 22 ♌	1 ♓ 11 ♈	1 ♌	1 ♈ 30 ♉	1 ♍
MAI	1 ♒ 16 ♓	1 ♋	1 ♓ 27 ♈	1 ♋ 22 ♌	1 ♓ 3 ♈	1 ♌	1 ♈ 21 ♉	1 ♌ 18 ♍	1 ♉	1 ♍
JUN	1 ♓	1 ♋ 14 ♌	1 ♈	1 ♌	1 ♈ 11 ♉	1 ♌ 20 ♍	1 ♉	1 ♍	1 ♉ 10 ♊	1 ♍ 11 ♎
JUL	1 ♓ 2 ♈	1 ♌	1 ♈ 7 ♉	1 ♌ 12 ♍	1 ♉ 23 ♊	1 ♍	1 ♊	1 ♍ 17 ♎	1 ♊ 23 ♋	1 ♎
AUG	1 ♈	1 ♍	1 ♉ 23 ♊	1 ♍ 29 ♎	1 ♊	1 ♍ 9 ♎	1 ♊ 13 ♋	1 ♎	1 ♋	1 ♎ 10 ♏
SEP	1 ♈	1 ♍ 17 ♎	1 ♊	1 ♎	1 ♊ 7 ♋	1 ♎ 24 ♏	1 ♋	1 ♎ 3 ♏	1 ♋ 7 ♌	1 ♏ 25 ♐
OKT	1 ♈	1 ♎	1 ♊	1 ♎ 13 ♏	1 ♋	1 ♏	1 ♌	1 ♏ 17 ♐	1 ♌ 27 ♍	1 ♐
NOV	1 ♈	1 ♎ 2 ♏	1 ♊	1 ♏ 25 ♐	1 ♋ 11 ♌	1 ♏ 6 ♐	1 ♌	1 ♐ 26 ♑	1 ♍	1 ♐ 6 ♑
DEZ	1 ♈	1 ♏ 15 ♐	1 ♊	1 ♐	1 ♌ 26 ♋	1 ♐ 17 ♑	1 ♍	1 ♑	1 ♍ 26 ♎	1 ♑ 15 ♒

♂	1951	1952	1953	1954	1955	1956	1957	1958	1959	1960
JAN	1 ♒ 22 ♓	1 ♎ 20 ♏	1 ♓	1 ♏	1 ♓ 15 ♈	1 ♏ 14 ♐	1 ♈ 28 ♉	1 ♐	1 ♉	1 ♐ 14 ♑
FEB	1 ♓	1 ♏	1 ♓ 8 ♈	1 ♏ 9 ♐	1 ♈ 26 ♉	1 ♐ 28 ♑	1 ♉	1 ♐ 3 ♑	1 ♉ 10 ♊	1 ♑ 23 ♒
MÄR	1 ♓ 2 ♈	1 ♏	1 ♈ 20 ♉	1 ♐	1 ♉	1 ♑	1 ♉ 17 ♊	1 ♑ 17 ♒	1 ♊	1 ♒
APR	1 ♈ 10 ♉	1 ♏	1 ♉	1 ♐ 12 ♑	1 ♉ 10 ♊	1 ♑ 14 ♒	1 ♊	1 ♒ 27 ♓	1 ♊ 10 ♋	1 ♒ 2 ♓
MAI	1 ♉ 21 ♊	1 ♏	1 ♊	1 ♑	1 ♊ 26 ♋	1 ♒	1 ♊ 4 ♋	1 ♓	1 ♋	1 ♓ 11 ♈
JUN	1 ♊	1 ♏	1 ♊ 14 ♋	1 ♑	1 ♋	1 ♒ 3 ♓	1 ♋ 21 ♌	1 ♓ 7 ♈	1 ♋ 2 ♌	1 ♈ 20 ♉
JUL	1 ♊ 3 ♋	1 ♏	1 ♋ 29 ♌	1 ♑ 3 ♐	1 ♋ 11 ♌	1 ♓	1 ♌	1 ♈ 21 ♉	1 ♌ 20 ♍	1 ♉
AUG	1 ♋ 18 ♌	1 ♏ 27 ♐	1 ♌	1 ♐ 24 ♑	1 ♌ 27 ♍	1 ♓	1 ♌ 8 ♍	1 ♉	1 ♍	1 ♉ 2 ♊
SEP	1 ♌	1 ♐	1 ♌ 14 ♍	1 ♑	1 ♍	1 ♓	1 ♍ 24 ♎	1 ♉ 21 ♊	1 ♍ 5 ♎	1 ♊ 21 ♋
OKT	1 ♌ 5 ♍	1 ♐ 12 ♑	1 ♍	1 ♑ 21 ♒	1 ♍ 13 ♎	1 ♓	1 ♎	1 ♊ 29 ♉	1 ♎ 21 ♏	1 ♋
NOV	1 ♍ 24 ♎	1 ♑ 21 ♒	1 ♎	1 ♒	1 ♎ 29 ♏	1 ♓	1 ♎ 8 ♏	1 ♉	1 ♏	1 ♋
DEZ	1 ♎	1 ♒ 30 ♓	1 ♎ 20 ♏	1 ♒ 4 ♓	1 ♏	1 ♓ 6 ♈	1 ♏ 23 ♐	1 ♉	1 ♏ 3 ♐	1 ♋

Mars-Tabellen

♂	1961	1962	1963	1964	1965	1966	1967	1968	1969	1970
JAN	1 ♋	1 ♑	1 ♌	1 ♑, 13 ♒	1 ♍	1 ♒, 30 ♓	1 ♎	1 ♒, 9 ♓	1 ♏	1 ♓, 24 ♈
FEB	1 ♋, 5 ♊, 7 ♋	1 ♑, 2 ♒	1 ♌	1 ♒, 20 ♓	1 ♍	1 ♓	1 ♎, 12 ♏	1 ♓, 17 ♈	1 ♏, 25 ♐	1 ♈
MÄR	1 ♋	1 ♒, 12 ♓	1 ♌	1 ♓, 29 ♈	1 ♍	1 ♓, 9 ♈	1 ♏, 31 ♎	1 ♈, 28 ♉	1 ♐	1 ♈, 7 ♉
APR	1 ♋	1 ♓, 19 ♈	1 ♌	1 ♈	1 ♍	1 ♈, 17 ♉	1 ♎	1 ♉	1 ♐	1 ♉, 18 ♊
MAI	1 ♋, 6 ♌	1 ♈, 28 ♉	1 ♌	1 ♈, 7 ♉	1 ♍	1 ♉, 28 ♊	1 ♎	1 ♉, 8 ♊	1 ♐	1 ♊
JUN	1 ♌, 28 ♍	1 ♉	1 ♌, 3 ♍	1 ♉, 17 ♊	1 ♍, 29 ♎	1 ♊	1 ♎	1 ♊, 21 ♋	1 ♐	1 ♊, 2 ♋
JUL	1 ♍	1 ♉, 9 ♊	1 ♍, 27 ♎	1 ♊, 30 ♋	1 ♎	1 ♊, 11 ♋	1 ♎, 19 ♏	1 ♋	1 ♐	1 ♋, 18 ♌
AUG	1 ♍, 17 ♎	1 ♊, 22 ♋	1 ♎	1 ♋	1 ♎, 20 ♏	1 ♋, 25 ♌	1 ♏	1 ♋, 5 ♌	1 ♐	1 ♌
SEP	1 ♎	1 ♋	1 ♎, 12 ♏	1 ♋, 15 ♌	1 ♏	1 ♌	1 ♏, 10 ♐	1 ♌, 21 ♍	1 ♐, 21 ♑	1 ♌, 3 ♍
OKT	1 ♎, 2 ♏	1 ♋, 11 ♌	1 ♏, 25 ♐	1 ♌	1 ♏, 4 ♐	1 ♌, 12 ♍	1 ♐, 23 ♑	1 ♍	1 ♑	1 ♍, 20 ♎
NOV	1 ♏, 13 ♐	1 ♌	1 ♐	1 ♌, 6 ♍	1 ♐, 14 ♑	1 ♍	1 ♑	1 ♍, 9 ♎	1 ♑, 4 ♒	1 ♎
DEZ	1 ♐, 24 ♑	1 ♌	1 ♐, 5 ♑	1 ♍	1 ♑, 23 ♒	1 ♍, 4 ♎	1 ♑, 2 ♒	1 ♎, 30 ♏	1 ♒, 15 ♓	1 ♎, 6 ♏

♂	1971	1972	1973	1974	1975	1976	1977	1978	1979	1980
JAN	1 ♏, 23 ♐	1 ♈	1 ♐	1 ♉	1 ♐, 21 ♑	1 ♊	1 ♑	1 ♌, 26 ♋	1 ♑, 21 ♒	1 ♍
FEB	1 ♐	1 ♈, 10 ♉	1 ♐, 12 ♑	1 ♉, 27 ♊	1 ♑	1 ♊	1 ♑, 9 ♒	1 ♋	1 ♒, 28 ♓	1 ♍
MÄR	1 ♐, 12 ♑	1 ♉, 27 ♊	1 ♑, 27 ♒	1 ♊	1 ♑, 3 ♒	1 ♊, 18 ♋	1 ♒, 20 ♓	1 ♋	1 ♓	1 ♍, 12 ♌
APR	1 ♑	1 ♊	1 ♒	1 ♊, 20 ♋	1 ♒, 11 ♓	1 ♋	1 ♓, 28 ♈	1 ♋, 11 ♌	1 ♓, 7 ♈	1 ♌
MAI	1 ♑, 3 ♒	1 ♊, 12 ♋	1 ♒, 8 ♓	1 ♋	1 ♓, 21 ♈	1 ♋, 16 ♌	1 ♈	1 ♌	1 ♈, 16 ♉	1 ♌, 4 ♍
JUN	1 ♒	1 ♋, 28 ♌	1 ♓, 21 ♈	1 ♋, 9 ♌	1 ♈	1 ♌	1 ♈, 6 ♉	1 ♌, 14 ♍	1 ♉, 26 ♊	1 ♍
JUL	1 ♒	1 ♌	1 ♈	1 ♌, 27 ♍	1 ♉	1 ♌, 7 ♍	1 ♉, 18 ♊	1 ♍	1 ♊	1 ♍, 11 ♎
AUG	1 ♒	1 ♌, 15 ♍	1 ♈, 12 ♉	1 ♍	1 ♉, 14 ♊	1 ♍, 24 ♎	1 ♊	1 ♍, 4 ♎	1 ♊, 8 ♋	1 ♎, 29 ♏
SEP	1 ♒	1 ♍	1 ♉	1 ♍, 12 ♎	1 ♊	1 ♎	1 ♋	1 ♎, 20 ♏	1 ♋, 25 ♌	1 ♏
OKT	1 ♒	1 ♎	1 ♉, 30 ♈	1 ♎, 28 ♏	1 ♊, 17 ♋	1 ♎, 9 ♏	1 ♋, 27 ♌	1 ♏	1 ♌	1 ♏, 12 ♐
NOV	1 ♒, 6 ♓	1 ♎, 15 ♏	1 ♈	1 ♏	1 ♋, 26 ♊	1 ♏, 21 ♐	1 ♌	1 ♏, 2 ♐	1 ♌, 20 ♍	1 ♐, 22 ♑
DEZ	1 ♓, 26 ♈	1 ♏, 30 ♐	1 ♈, 24 ♉	1 ♏, 11 ♐	1 ♊	1 ♐	1 ♌	1 ♐, 13 ♑	1 ♍	1 ♑, 31 ♒

Mars-Tabellen

♂	1981	1982	1983	1984	1985	1986	1987	1988	1989	1990
JAN	1 ♒	1 ♎	1 ♒, 17 ♓	1 ♎, 11 ♏	1 ♓	1 ♏	1 ♓, 8 ♈	1 ♏, 9 ♐	1 ♈, 19 ♉	1 ♐, 30 ♑
FEB	1 ♒, 7 ♓	1 ♎	1 ♓, 25 ♈	1 ♏	1 ♓, 3 ♈	1 ♏, 2 ♐	1 ♈, 21 ♉	1 ♐, 22 ♑	1 ♉	1 ♑
MÄR	1 ♓, 17 ♈	1 ♎	1 ♈	1 ♏	1 ♈, 15 ♉	1 ♐, 28 ♑	1 ♉	1 ♑	1 ♉, 11 ♊	1 ♑, 12 ♒
APR	1 ♈, 25 ♉	1 ♎	1 ♈, 5 ♉	1 ♏	1 ♉, 26 ♊	1 ♑	1 ♉, 6 ♊	1 ♑, 7 ♒	1 ♊, 29 ♋	1 ♒, 21 ♓
MAI	1 ♉	1 ♎	1 ♉, 17 ♊	1 ♏	1 ♊	1 ♑	1 ♊, 21 ♋	1 ♒, 22 ♓	1 ♋	1 ♓, 31 ♈
JUN	1 ♉, 5 ♊	1 ♎	1 ♊, 29 ♋	1 ♏	1 ♊, 9 ♋	1 ♑	1 ♋	1 ♓	1 ♋, 17 ♌	1 ♈
JUL	1 ♊, 18 ♋	1 ♎	1 ♋	1 ♏	1 ♋, 25 ♌	1 ♑	1 ♋, 7 ♌	1 ♓, 14 ♈	1 ♌	1 ♈, 13 ♉
AUG	1 ♋	1 ♎, 3 ♏	1 ♋, 14 ♌	1 ♏, 18 ♐	1 ♌	1 ♑	1 ♌, 23 ♍	1 ♈	1 ♌, 3 ♍	1 ♉, 31 ♊
SEP	1 ♋, 2 ♌	1 ♏, 20 ♐	1 ♌, 30 ♍	1 ♐	1 ♌, 10 ♍	1 ♑	1 ♍	1 ♈	1 ♍, 20 ♎	1 ♊
OKT	1 ♌, 21 ♍	1 ♐	1 ♍	1 ♐, 5 ♑	1 ♍, 28 ♎	1 ♑, 9 ♒	1 ♍, 9 ♎	1 ♈, 24 ♓	1 ♎	1 ♊
NOV	1 ♍	1 ♑	1 ♍, 18 ♎	1 ♑, 16 ♒	1 ♎	1 ♒, 26 ♓	1 ♎, 24 ♏	1 ♓, 2 ♈	1 ♎, 4 ♏	1 ♊
DEZ	1 ♍, 16 ♎	1 ♑, 10 ♒	1 ♎	1 ♒, 25 ♓	1 ♎, 15 ♏	1 ♓	1 ♏	1 ♈	1 ♏, 18 ♐	1 ♊, 14 ♉

♂	1991	1992	1993	1994	1995	1996	1997	1998	1999	2000
JAN	1 ♉, 21 ♊	1 ♐, 9 ♑	1 ♋	1 ♑, 28 ♒	1 ♍, 23 ♌	1 ♑, 9 ♒	1 ♍, 3 ♎	1 ♒, 25 ♓	1 ♎, 26 ♏	1 ♒, 4 ♓
FEB	1 ♊	1 ♑, 18 ♒	1 ♋	1 ♒	1 ♌	1 ♒, 15 ♓	1 ♎	1 ♓	1 ♏	1 ♓, 12 ♈
MÄR	1 ♊	1 ♒, 28 ♓	1 ♋	1 ♒, 7 ♓	1 ♌	1 ♓, 25 ♈	1 ♎, 9 ♍	1 ♓, 5 ♈	1 ♏	1 ♈, 23 ♉
APR	1 ♊, 3 ♋	1 ♓	1 ♋, 28 ♌	1 ♓, 15 ♈	1 ♌	1 ♈	1 ♍	1 ♈, 13 ♉	1 ♏	1 ♉
MAI	1 ♋, 27 ♌	1 ♓, 6 ♈	1 ♌	1 ♈, 24 ♉	1 ♌, 26 ♍	1 ♈, 3 ♉	1 ♍	1 ♉, 24 ♊	1 ♏, 6 ♎	1 ♉, 4 ♊
JUN	1 ♌	1 ♈, 15 ♉	1 ♌, 23 ♍	1 ♉	1 ♍	1 ♉, 12 ♊	1 ♍, 19 ♎	1 ♊	1 ♎	1 ♊, 16 ♋
JUL	1 ♌, 16 ♍	1 ♉, 27 ♊	1 ♍	1 ♉, 4 ♊	1 ♍, 21 ♎	1 ♊, 26 ♋	1 ♎	1 ♊, 6 ♋	1 ♎, 5 ♏	1 ♋
AUG	1 ♍	1 ♊	1 ♍, 12 ♎	1 ♊, 17 ♋	1 ♎	1 ♋	1 ♎, 14 ♏	1 ♋, 21 ♌	1 ♏	1 ♌
SEP	1 ♎	1 ♊, 12 ♋	1 ♎, 27 ♏	1 ♋	1 ♎, 7 ♏	1 ♋, 10 ♌	1 ♏, 29 ♐	1 ♌	1 ♏, 3 ♐	1 ♌, 17 ♍
OKT	1 ♎, 17 ♏	1 ♋	1 ♏	1 ♋, 5 ♌	1 ♏, 21 ♐	1 ♌, 30 ♍	1 ♐	1 ♌, 7 ♍	1 ♐, 17 ♑	1 ♍
NOV	1 ♏, 29 ♐	1 ♋	1 ♏, 9 ♐	1 ♌	1 ♐	1 ♍	1 ♐, 9 ♑	1 ♍, 27 ♎	1 ♑, 26 ♒	1 ♍, 4 ♎
DEZ	1 ♐	1 ♋	1 ♐, 20 ♑	1 ♌, 12 ♍	1 ♑	1 ♍	1 ♑, 18 ♒	1 ♎	1 ♒	1 ♎, 23 ♏